DENNIS LEWIS

Befreie deinen Atem Befreie dich selbst

Die Urkraft des Lebens erwecken

Deutsch von Karin Weingart

WILHELM HEYNE VERLAG
MÜNCHEN

Die Originalausgabe erschien unter dem Titel
»Free Your Breath, Free Your Life« bei Shambhala Publications, Inc., Boston, Massachusetts, USA

Das vorliegende Buch ist sorgfältig erarbeitet worden.
Dennoch erfolgen alle Angaben ohne Gewähr.
Weder Autoren noch Verlag können für eventuelle Nachteile oder Schäden, die aus den im Buch gemachten praktischen Hinweisen resultieren, eine Haftung übernehmen.

Umwelthinweis:
Dieses Buch wurde auf chlor- und säurefreiem Papier gedruckt.

Originalausgabe 09/2004

Printed in Germany
Umschlaggestaltung: HildenDesign, München
Coverfoto: © Lisa Zador/PhotoDisc, Getty Images
Herstellung: Helga Schörnig
Satz: Datentechnik, Wels
Druck und Bindung: GGP Media GmbH, Pößneck

ISBN 3-453-70002-3

www.heyne.de

Für Dasha

»Da machte Gott der Herr den Menschen
aus Erde vom Acker und blies ihm den Odem des Lebens
in seine Nase. Und so ward der Mensch
ein lebendiges Wesen.«

Altes Testament, Schöpfungsgeschichte

Inhalt

Einleitung

Heutzutage atmen nur noch wenige Menschen frei, natürlich und harmonisch. Eine rasche, blockierte Atmung unterminiert aber die physische, emotionale und spirituelle Gesundheit und beraubt uns, ohne dass wir uns dessen bewusst sind, der größten Freuden, die diese Welt bereithält: das weiträumige Empfinden eines freien, mühe- und grenzenlosen Atems, der uns ganz umfängt und mit dem Leben verbindet.

In den letzten Jahren hat das Interesse am Atem erheblich zugenommen. Unter dem Einfluss buddhistischer, taoistischer und anderer fernöstlicher Atemlehren, gestützt aber auch auf jüngere Forschungsergebnisse, die aufzeigen, dass es einen direkten Zusammenhang zwischen Lungenfunktion und Gesundheit beziehungsweise Lebenserwartung[1] gibt, propagieren seit kurzem immer mehr Menschen, auch Ärzte, die vielen Vorzüge einer richtigen Atmung für Gesundheit, Heilung und Fitness und bieten entsprechende Übungen an.

Atemübungen werden einem heutzutage praktisch hinterhergeschmissen. Entsprechend zahlreich sind die Experten und Gurus, die sich zwar häufig gegenseitig widersprechen, uns aber alle einreden wollen, in puncto Atem und Gesundheit, Heilung oder spirituelles Wachstum wüssten nur sie genau, was Sache ist. Jeder Atemschüler, jeder, der sich ernsthaft mit dem Odem des Lebens beschäftigt, weiß insgeheim jedoch genau, dass Atmen, genau wie Leben, ein Wunder, ein Mysterium ist. Wie Hazrat Inayat Khan sagte: »Im Atem liegt das Geheimnis des Lebens.« Die Manifestationen dieses Geheimnisses sind mannigfaltig und schier grenzenlos.

Die Frage, was gesundes Atmen eigentlich ist, kann für Verwirrung sorgen; als Antwort werden viele verschiedene Theorien und Ansätze angeboten, von denen jedoch einige das Problem dermaßen vereinfachen, dass sie praktisch unbrauchbar sind. Da gibt es zum Beispiel bestimmte so genannte Atemexperten, die uns erzählen, wir sollten nur mit dem Zwerchfell atmen, und wenn sich der Brustkorb beim Einatmen ausdehne, sei das ein Zeichen für falsches Atmen. Ein berühmter Atemexperte, der allerdings tatsächlich mit wertvollen Informationen über verschiedene Aspekte des Atmens aufwarten kann, empfiehlt einen Test, anhand dessen man überprüfen könne, ob man »richtig« atmet. Dabei legt man die eine Hand auf den Bauch und die andere auf die Brust. Und dann heißt es: »Wenn die Hand, die auf der Brust liegt, praktisch unbewegt bleibt, während die Hand auf dem Bauch beim Einatmen leicht steigt und sich beim Ausatmen senkt, atmen Sie richtig.«[2]

Obwohl ich ein großer Befürworter der Zwerchfellatmung bin und mich in meinem Buch *Das Tao des Atmens* auch ausführlich über die Bedeutung geäußert habe, die die Bewegung des Bauches für das wirksame Funktionieren des Zwerchfells hat, halte ich diesen so genannten Test bestenfalls für nicht sehr hilfreich und im schlimmsten Fall für irreführend. Wie Sie anhand der vorgestellten Übungen sehen werden, bezieht eine gesunde Atmung den ganzen Körper mit ein. Sowohl die primären als auch die sekundären Atemmuskeln müssen sich unbeschränkt, frei und koordiniert bewegen können[3], damit man in Übereinstimmung mit den Erfordernissen des Augenblicks den größtmöglichen Nutzen aus jedem einzelnen Atemzug ziehen kann. Die ungehemmte, freie, harmonische Bewegung aller Atemmuskeln – und auch derjenigen Muskel, die mit ihnen in Verbindung stehen oder sie beeinflussen – sorgt unter anderem dafür, dass genügend Sauerstoff in die Zellen kommt, dass die Lymphe, die der Körper zur Abwehr von Krankheitserregern braucht, gut genug fließt, dass das venöse Blut in die Lunge und ins Herz zurückfließen kann, dass unsere inneren Organe gesund bleiben, zur Stressbewältigung das parasympathische Nervensystem eingeschaltet und dass überhaupt das dynamische, umfassende Empfinden unserer selbst, wie wir gegenwärtig lebendig sind, gefördert wird.

Die harmonischen Bewegungen unserer Atemmuskeln hängen zu einem großen Teil von unserer Lebensweise ab, denn letztlich wirken alle Muskeln und Körperstrukturen auf die Atmung ein. Um so sitzen, stehen, sich bewegen, spüren, denken, fühlen, wahrnehmen, handeln und sich äußern zu können, dass es einer gesunden Atmung förderlich ist, müssen wir das innere Bewusstsein schärfen und unsere Fähigkeit verbessern, Sinnesempfindungen und Energien des Körpers sowohl im Ruhezustand als auch in der Bewegung wahrzunehmen, und uns darüber klar werden, dass und wie unnötige Spannungen in Körper und Seele Atem und Leben auf allen Ebenen beeinträchtigen. In dieser Hinsicht können Tai-chi, Yoga und Qi Gong von großer Hilfe sein. Auch andere körperorientierte Schulen, wie Feldenkrais, Alexandertechnik, Osteopathie oder Chiropraktik bieten sich an, insbesondere bei größeren Haltungsschäden oder anderen somatischen Problemen.

Prinzipien eines gesunden Atmens und Lebens gibt es natürlich. Diese Prinzipien offenbaren sich jedoch auf unterschiedliche Weise, je nach den physischen beziehungsweise psychischen Erfordernissen und Lebensumständen des betreffenden Individuums. Beim Atmen gibt es keine Einheitsgrößen. Wie Sie sehen werden, gibt es kein Ensemble von Atemübungen, das für alle Menschen gleichermaßen geeignet ist.

Aufgrund des ganzen Durcheinanders, der widersprüchlichen Behauptungen (und mitunter auch schlechten Ratschläge), die heutzutage in Bezug auf Atmung und Atemübungen aufgestellt (und gegeben) werden, brauchen wir, glaube ich, ein klares, exploratives Verständnis der unterschiedlichen Methoden der Atemarbeit. Damit meine ich keineswegs die Markennamen von Atemschulen und ihren Hauptvertretern. Die kommen und gehen. Nein, woran ich denke, sind eher die verschiedenen Möglichkeiten, den eigenen Atem mittels gezielter Intention, mit Intelligenz und Bewusstsein ernsthaft zu erkunden.

In meinem ersten Buch über das Atmen, *Das Tao des Atmens*, habe ich bereits einige der grundlegenden Prinzipien einer vollständigen, ungehemmten Atmung erörtert. *Befreie deinen Atem, befreie dich selbst*[4] setzt die Erkundungsreise nun mit neueren Einsichten und Erkenntnissen fort, die ich in Workshops und in meiner eigenen Praxis seither gewonnen habe.

Natürlich habe ich dabei nichts wirklich Neues entdeckt. Durch Experimente, persönliche Erfahrungen, Nachdenken und viel Üben, unterstützt nicht zuletzt von den Menschen und Büchern, die in der Danksagung und unter »Literaturempfehlungen« aufgeführt werden, ist es mir aber, glaube ich, gelungen, wichtige Prinzipien und Ansätze der Atemarbeit so zusammenzustellen, dass es Ihnen, liebe Leserin, lieber Leser, möglich wird, in der fortschreitenden Erkundung Ihres Atems Ihr Schüler und Lehrer zugleich zu sein. Denn: Atemarbeit hört nie auf, solange wir leben.

Natürlich benötigen wir alle einmal die Hilfe von Lehrern und Praktikern, die mehr wissen und begreifen als wir selbst. In Bezug auf eine natürlichere und spontanere Atmung zur Verbesserung der Gesundheit, zu Heilzwecken oder für unser spirituelles Wachstum brauchen wir möglicherweise einen Körper- oder Atemtherapeuten, der uns hilft, größere physische Blockaden zu beseitigen. Unter Umständen benötigen wir auch Unterstützung dabei, intensiver und intelligenter mit unseren

Emotionen arbeiten zu können, die, wie bereits in *Das Tao des Atmens* ausgeführt, gewaltigen Einfluss auf unser Atemgeschehen haben. Andererseits ist es aber auch so, dass wir Experten hinzuziehen können, so viele wir wollen, wenn wir kein tiefes, nachhaltiges Interesse an der Selbsterkundung aufbringen, wozu auch der Atem und seine Beziehungen zu Leben und Bewusstsein gehört, werden wir es nicht weit bringen.

Dieses Buch besteht aus mehreren Kapiteln. Im ersten, Methoden der Atemarbeit, werden die sieben Grundkategorien der Atemarbeit im Selbststudium erörtert. Dabei beschäftige ich mich nicht nur mit den diesen Kategorien jeweils zugrunde liegenden Hauptprinzipien, sondern stelle auch einfache Übungen vor, mit denen Sie Ihre persönliche Atemarbeit risikofrei und kreativ beginnen können. Diese Übungen sind aber tatsächlich erst der Anfang. Ich hoffe, dass Sie mit Hilfe des Verständnisses, das Sie durch dieses Kapitel und die weiteren Materialien, die ich Ihnen an die Hand gebe, in die Lage versetzt werden, diese Prinzipien so anzuwenden, dass Sie neue Übungen entdecken oder vielleicht sogar erfinden können, die Ihrer persönlichen Situation perfekt entsprechen.

Das zweite Kapitel, Die Atemräume des Körpers öffnen, baut auf den Ansätzen auf, die im ersten erörtert wurden und bietet eine Reihe von Übungen an, die Sie täglich durchführen können, um die wichtigsten Atemräume Ihres Körpers entdecken und öffnen zu lernen. Wenn sich diese Atemräume öffnen, erobern Sie sich die volle, umfassende Macht Ihres Atems zurück. Nachdem Sie ein wenig mit den vorgeschlagenen Übungen experimentiert haben, können Sie sie ganz nach Ihren persönlichen Bedürfnissen variieren oder um andere ergänzen.

So hilfreich es auch sein mag, atembezogene Übungen zu machen, das allein reicht natürlich nicht. Sie müssen auch ein umfassendes Verständnis für das größere Ganze gewinnen.

Im dritten Kapitel, Der metaphysische Atem, erkunden wir deshalb einige der psychischen, metaphorischen und metaphysischen Aspekte des Atmens, besonders den Einfluss, den unser Selbstbild auf das Atemgeschehen hat, sowie den Zusammenhang von Ausatmen und Loslassen. Sie werden erfahren, dass auch die verschiedenen Manifestationen Ihres Selbstbildes – unter anderem Ihre Kleidung, Ihr Parfum oder Aftershave, Ihre Art, Sport zu treiben, aber auch Selbstgefälligkeit oder Unsicherheit – den Atem beeinflussen. Darüber hinaus lernen Sie ein paar einfache, jedoch sehr wirkungsvolle Übungen, die Ihnen helfen werden, nicht nur rein körperlich, sondern auch psychisch auszuatmen. Denn wenn es überhaupt ein Geheimnis dafür gibt, wie wir unseren authentischen Atem entdecken können, dann hat es viel damit zu tun, dass wir lernen, vollständig auszuatmen und alles loszulassen, was nicht länger erforderlich ist.

Das vierte Kapitel, Tiefer gehen: Praktiken und Meditationen zur Selbsterkundung, nähert sich unserem Atem von einem meditativen Standpunkt aus an und stellt integrierte Praktiken vor, die Sie in Ihrem Streben nach Heilung, Selbsterkenntnis und persönlicher Veränderung unterstützen. Diese Praktiken heißen: Bewusstes Atmen, Der Lächelnde Atem, Der Atem des Herzens, Die Zeit ausdehnen und Der Grenzenlose Atem.

Im Anhang A finden sich weitere wichtige Hauptlehren sowie ergänzende Praktiken. Dort können Sie die zehn Geheimnisse authentischen Atmens erfahren und nachlesen, warum es so wichtig ist, durch die Nase zu atmen. Sie finden im Anhang A aber auch Vorschläge dafür, wie Sie am mühelosesten mit dem Atem arbeiten können, und lernen Übungen zum bewussten Stehen und Gehen kennen, die sich gut in den Alltag integrieren lassen. Ich weise im Haupttext immer dann auf den Anhang hin, wenn es mir erforderlich erscheint.

Anhang B, Hilfreiche atembezogene Übungen für den Alltag, besteht aus einfachen Übungen, die Sie im täglichen Leben gegen Stress, Verspannungen, Schmerzen, Wut und Zorn anwenden können, sowie aus einer wirksamen Technik zur Verlangsamung Ihres Atemgeschehens.

Im Anhang C, Übungspläne, schlage ich Tages- und Wochenprogramme vor, die dazu dienen sollen, dass Sie aus den vielen Übungen in diesem Buch den größtmöglichen Nutzen ziehen können.

Zwar geht es in diesem Buch um bessere Atmung, Gesundheit und Heilung und es werden auch viele Erkenntnisse und Praktiken vorgestellt, die Ihnen helfen werden, besser mit den stressbedingten Problemen Ihres Lebens umgehen zu können. Es ist mir jedoch wichtig, ausdrücklich darauf hinzuweisen, dass Sie in *Befreie deinen Atem, befreie dich selbst* keine speziellen Atemtechniken finden werden, mit denen Sie Problemen wie Übergewicht oder mangelnder sexueller Leistungsfähigkeit zu Leibe rücken können. Es gibt auch nichts speziell zur Stimmbildung. Freies, natürliches, gesundes Atmen – ein Geburtsrecht – ist nicht gleichbedeutend mit einem verschreibungspflichtigen Medikament oder einer Diät. Indem es einen heilsamen Pfad in die allertiefsten Gefilde unserer selbst bietet, verbessert ein derartiges Atmen allerdings auf allen nur denkbaren Ebenen des Lebens insgesamt Gesundheit und Leistungsfähigkeit.

Im Kern geht es in *Befreie deinen Atem, befreie dich selbst* um innere Erkundung, Entdeckungen und Veränderung durch den Odem des Lebens selbst. Viele von uns haben heutzutage das Gefühl, ersticken zu müssen, einfach nicht genügend Zeit, Raum und Energie zu haben, um so leben zu können, dass sie wahrhaft glücklich sind. Wir fühlen uns oft zerstreut, hin und her gerissen, unfähig, zu unserer Mitte zu kommen, aus ihr heraus zu leben und nicht im Stande, intensive, erfüllte Beziehungen zu anderen Menschen zu haben. In stressigen Situationen halten wir häufig den Atem an oder unsere Atmung wird hastig, unregelmäßig und blockiert. Dieses Problem ist nicht zu unterschätzen. Denn im Laufe der Zeit wird die Sauerstoffmenge, die unsere Hirn- und Körperzellen erreicht, durch ein solches Atmen verringert. Und eine derartige Drosselung der Sauerstoffversorgung führt nicht nur zu Krankheiten, sondern schränkt auch unsere Fähigkeit ein, klar, sensibel und effektiv wahrzunehmen, zu fühlen und zu denken.

Die Art und Weise, in der wir atmen, ist natürlich oft eine aussagekräftige Metapher für unsere Bereitschaft oder Fähigkeit zu erleben, was in uns vorgeht, und uns frei im und durch das Leben zu bewegen. So ist bei vielen Menschen zum Beispiel ihr blockiertes, oberflächliches Atmen unbewusster Ausdruck der Unterdrückung ihrer Emotionen und zielt darauf ab, weniger fühlen zu müssen. Eine Aufhebung der Atemblockaden hilft, die experimentellen Räume in der Seele und im Körper zu öffnen und zu lernen, in der ganzen Weite des gegenwärtigen Augenblicks zu leben. Und in dieser geräumigen Wirklichkeit des gegenwärtigen Augenblicks kann wahre Selbsterkundung beginnen, können sich Heilung und Ganzheitlichkeit einstellen.

Uns selbst vollständiger ausschöpfen zu können ist, glaube ich, nur möglich, wenn wir vollständig ausatmen und alles loslassen, was unnötig ist. Dabei spreche ich nicht allein von einem körperlichen Akt; es geht zugleich um einen psychischen und spirituellen. Bin ich von einem Moment zum anderen in der Lage, mein kleines, illusorisches Selbstbild und die ganzen unnötigen Muskelspannungen, die sich daraus ergeben, loszulassen? Bin ich in der Lage, von einem Moment zum anderen all die kleinen oder großen unnötigen und eingebildeten Dinge loszulassen, an denen ich hänge und mit denen ich mich identifiziere, um neue ehrlichere und umfassendere Eindrücke und

Wahrnehmungen von mir selbst und anderen gewinnen zu können? Kann ich mein Leben und meine Beziehungen aus meiner persönlichen Ganzheit im gegebenen Augenblick schöpfen, oder muss ich mich auf Einschätzungen, Meinungen und Beurteilungen stützen, denen alte Erfahrungen beziehungsweise Erwartungen für die Zukunft zugrunde liegen?

Bei dem ganzen Prozess von Gesundheit, Heilung und Selbstveränderung geht es letztlich genau darum – um den inneren Raum und die Freiheit, herauszufinden, sein und schätzen zu können, wer oder was ich in meiner Essenz bereits bin. Eine besondere Rolle bei dieser intimen Selbsterkundung spielt die Art und Weise, in der wir atmen, in der wir Tag für Tag des Odems des Lebens teilhaftig sind – jener grenzenlosen Lebenskraft, die uns alle belebt und zusammenhält.

Wie Sie am besten mit diesem Buch arbeiten können

Ich schlage vor, dass Sie die Kapitel eins bis drei komplett durchlesen und sich mit dem gesamten Material, das für eine bestimmte Übung oder Meditation relevant ist, eingehend beschäftigen, bevor Sie ans Werk gehen. An den Stellen im Haupttext, an denen auf die Lehren und Praktiken im Anhang A hingewiesen wird, sollten Sie dort nachschlagen. Anhang B und C können Sie lesen, wann immer Sie Lust dazu haben. Wenn Sie die Meditationspraktiken aus dem vierten Kapitel durchführen, schlage ich vor, dass Sie sich zunächst mindestens zwei Wochen lang täglich mit dem Bewussten Atmen beschäftigen, bevor Sie sich irgendeiner der anderen Praktiken dort zuwenden.

Ziehen Sie bequeme, lockere Kleidung an und suchen Sie sich einen – möglichst gut belüfteten – Ort, an dem Sie ungestört arbeiten können. Stöpseln Sie das Telefon aus. Bei den meisten Übungen ist es am besten, wenn Sie nach dem Essen mindestens eine Stunde warten.

Für die Arbeit am Boden benötigen Sie einen Teppich oder eine Matte. Legen Sie sich ein Kissen unter den Kopf oder auch einen anderen Körperteil, wenn es Ihnen sonst zu unbequem ist.

Gehen Sie so langsam und sanft wie möglich vor. Wenn nicht anders angegeben, atmen Sie ausschließlich durch die Nase ein und aus. (Vergessen Sie bitte nicht, sich den Abschnitt über die Bedeutung der Nasenatmung durchzulesen, der sich im Anhang A befindet.)

Die Illustrationen dienen nur der allgemeinen Orientierung. Schauen Sie sie sich gegebenenfalls an, um sich eine Vorstellung von den Körperhaltungen und Bewegungen machen zu können, um die es geht, kommen Sie aber nicht auf die Idee, sie bis aufs I-Tüpfelchen nachmachen zu wollen.[5]

Nehmen Sie sich nach jeder Übung einen Moment Zeit, um sich einen Eindruck davon zu verschaffen, wie sie sich ausgewirkt hat – fertigen Sie eine Art mehrdimensionale innere Momentaufnahme von sich an. Das ist extrem wichtig. Dadurch, dass Sie nicht nur während der Übung, sondern auch noch danach Aufmerksamkeit und Bewusstsein herrschen lassen, geben Sie Ihrem Hirn und Nervensystem die Zeit, die sie brauchen, um nicht nur die Handlung selbst, sondern auch deren Ergebnisse für Ihr Atemmuster und Ihr Leben zu verarbeiten und zu integrieren.

Da viele der Übungen – besonders am Anfang – höchste Aufmerksamkeit erfordern, dürfen Sie sie nicht beim Autofahren, wenn Sie eine Maschine bedienen oder bei sonst einer potenziell gefährlichen Verrichtung durchführen.

Lesen Sie die Zehn Geheimnisse authentischen Atmens im Anhang A. Dort finden sich Prinzipien, die Sie sofort in Ihr Alltagsleben integrieren können. Ich schlage vor, dass Sie gleich mal dort nachschlagen und oft darauf zurückkommen. Wenn Sie mit der Lektüre des ganzen Buches fertig sind, nehmen Sie sich den Anhang C vor: Übungspläne. Dort finden Sie Vorschläge, wie Sie die Übungen, die Sie in dem Buch kennen gelernt haben, regelmäßig anwenden können.

Erstes Kapitel

Methoden der Atemarbeit

Überblick

Atemarbeit wirkt sich auf die Gesundheit aus und kann das ganze Leben verändern. Bedauerlicherweise werden aber oft Atemübungen gemacht, die ungeeignet, ja sogar gefährlich sind. All die zahlreichen Atemübungen, die es heute gibt, haben ihre Stärken und Schwächen, manche jedoch auch unerwünschte »Nebenwirkungen«.

Wenn wir mit Atemübungen beginnen, ist es von außerordentlicher Bedeutung, dass wir uns darüber im Klaren sind, ob sie unseren jeweiligen körperlichen, emotionalen und geistigen Lebensumständen auch entsprechen. Weil es aber so viele Möglichkeiten gibt, die Atemarbeit zu verstehen und zu kategorisieren, ist es vorab nicht immer leicht, sich diese Klarheit zu verschaffen. In diesem Kapitel stelle ich eine dieser Möglichkeiten vor, die ich im Laufe der Zeit entwickelt habe und von der ich glaube, dass sie Ihnen dabei helfen kann, das breite Spektrum von Atemübungen und Atemarbeit, das gegenwärtig im Angebot ist, zu verstehen und auszuloten.

»Was kümmern mich Kategorien«, werden Sie vielleicht sagen. »Es geht doch nicht um Kategorien, sondern um Übungen, Erfahrungen und Ergebnisse.« Und damit haben Sie bis zu einem gewissen Punkt sogar Recht. Aber nicht ganz. Denn wenn Sie mit Atemarbeit beginnen, kann Ihnen alles, was Sie nicht wissen, Schaden zufügen. Der »Weisheit des Körpers« ist es zuzuschreiben, dass Sie, wenn Sie auf einem Gebiet etwas verändern, und dies gilt besonders für die Atmung, unverhoffte Veränderungen auch in anderen Teilen zu gewärtigen haben – alles im Namen der Homöostase, also der allen lebenden Organismen innewohnenden Tendenz, das chemische, physiologische, emotionale und geistig-seelische Gleichgewicht aufrechtzuerhalten. Das spezielle Gleichgewicht, das schließlich wieder entsteht, muss allerdings auf lange Sicht nicht unbedingt besonders angemessen oder nutzbringend sein. Mehr noch: Nicht nur die Übungen als solche beeinflussen uns. Auch die Art und Weise, wie wir sie ausführen, kann schlechte Atemgewohnheiten hervorrufen und damit unsere Atmung sogar noch mehr einschränken als es vorher der Fall war, besonders wenn wir uns sehr anstrengen oder zu viel Kraft aufwenden.

Kurz gesagt: Übungen, die unmittelbar Nutzen bringen, können langfristig zugleich Probleme verursachen. Aus diesem Grund ist es für jeden, der mit dem Gedanken spielt, sich irgendeiner Form von Atemarbeit zu widmen, von so großer Bedeutung, dass er die verschiedenen Methoden begreift – wobei es weniger um die unterschiedlichen Schulen oder Persönlichkeiten ihrer Vertreter geht als um die grundlegenden Prinzipien.

Als ich mich mit diesem wichtigen Thema beschäftigte, stellte es als aufschlussreich und nützlich heraus, die Arbeit mit dem Atem in sieben Grundkategorien zu unterteilen: bewusstes Atmen, Atemsteuerung, konzentriertes Atmen, bewegungsgestütztes Atmen, haltungsgestütztes Atmen, berührungsgestütztes Atmen und lautgestütztes Atmen. Diese Kategorien, die nicht immer eindeutig auseinander zu halten sind, erheben keinen Anspruch auf Vollständigkeit, sondern sollen eher dazu dienen, Ihnen einen praktischen Rahmen zu vermitteln, innerhalb dessen Sie besser beurteilen können, wie die meisten der gegenwärtig angebotenen Atemübungen für das Selbststudium funktionieren, und Ihnen helfen, die für Sie besten Übungen und Ansätze zu finden.[1]

In der Praxis werden bei vielen der Atemübungen, denen Sie im Zuge Ihres Selbststudiums begegnen, sicher einige der verschiedenen Ansätze, die ich im Folgenden beschreibe, kombiniert, um schneller, effektiver oder vollständiger positive Ergebnisse zu erzielen. Des ungeachtet stellen diese sieben verschiedenen Kategorien unterschiedliche Ansätze der Atemarbeit dar, die je nach Ihrer persönlichen Situation ganz unterschiedliche Ergebnisse zeitigen können. Wenn ich mich jetzt den einzelnen Kategorien zuwende, erheben auch die Beschreibungen, die ich Ihnen gebe, keinen Anspruch auf Vollständigkeit; sie sollen lediglich dazu dienen, Ihnen die Grundlagen zu vermitteln, damit Sie sich anhand dieses Buches, auf eigene Faust oder mit fremder Hilfe intensiver mit der Thematik beschäftigen können. Lassen Sie uns jetzt am Anfang beginnen, nämlich mit dem bewussten Atmen.

Bewusstes Atmen

Bewusstes Atmen verschafft uns einen intimen Zugang zu uns selbst. In allen großen spirituellen Traditionen – unter anderem im Taoismus, Hinduismus, Buddhismus, im Islam oder auch im Christentum – wird die bewusste Wahrnehmung des Atems als Bestandteil der spirituellen Entwicklung und Erweckung praktiziert, genau wie in vielen meditativen, körperorientierten und psychotherapeutischen Schulen auf dem Gebiet der Medizin, Selbsterfahrung und -veränderung. Das Bemühen, uns hier und jetzt als atmendes Wesen im Angesicht des großen Mysteriums des Seins zu erfahren, ist eines der wichtigsten Dinge, die wir für unser körperliches, emotionales und seelisches Wohl überhaupt tun können.

Da sich die meisten von uns ihrer Atmung in keiner Weise bewusst sind, sollte bewusstes Atem bei jeder Form der Atemarbeit im Selbststudium an erster Stelle stehen. Indem wir lernen, unseren Atem wahrzunehmen, lernen, den Bewegungen des Ein- und Ausatmens ohne jegliches Eingreifen oder Zutun zu folgen, können wir viele neue Einsichten in die Zusammenhänge gewinnen, die zwischen der Atmung und unserem inneren wie äußeren Leben bestehen. Wie die Pionierin der Atemarbeit Ilse Middendorf schreibt: »Die bewusste Wahrnehmung der Atembewegung umfasst sowohl die körperliche Erfahrung als auch die wahre Natur unserer selbst, wenn wir unsere Lebenskraft in der äußeren Welt entfalten. Dieser Atem, den wir ganz von allein kommen und gehen lassen, erhält die grundlegenden Rhythmen unseres Lebensprozesses aufrecht.«[2]

Bewusstes Atmen verschafft uns nicht nur eine solide Grundlage für alle anderen Formen der Atemarbeit, sondern ihm wohnt auch selbst transformierende Kraft inne. Bewusstes Atmen hilft uns, innere Ruhe und Präsenz zu gewinnen. Es unterstützt uns auch dabei, unserer selbst ohne Beurteilung oder Analyse gewahr zu werden. Indem wir uns darüber bewusst werden, wie wir von Augenblick zu Augenblick atmen, indem wir spüren und fühlen, wie der Atem unsere Emotionen, Haltungen und inneren wie äußeren Anspannungen prägt und seinerseits von ihnen geprägt wird, setzen wir die Weisheit von Körper und Geist frei, um ohne irgendwelche Ego-Manipulationen subtile wohltuende Veränderungen herbeizuführen. Schon das unmittelbare innere Gewahrsein unseres Atems kann zum Beispiel helfen, das Tempo zu drosseln, wenn wir, wie es weit verbreitet ist, für die gegebenen Umstände zu schnell atmen. Ebenso kann es dafür sorgen, die Länge des Ein- beziehungsweise Ausatmens angemessen zu korrigieren.

Bedauerlicherweise unterminieren aber viele Menschen ihre Atmung zusätzlich, wenn sie versuchen, ihren Atem bewusst wahrzunehmen. Dazu kommt es, wenn man bewusstes Wahrnehmen mit Denken oder Visualisieren gleichsetzt und an den Atem denkt beziehungsweise ihn visualisiert, statt ihn durch inneres Empfinden tatsächlich zu erfahren. Zuviel Denken an oder geistige Konzentration auf den Atem kann dazu führen, dass sich das Zwerchfell und die anderen Atemmuskeln verspannen und Disharmonien im ganzen Körper und Geist auftreten.

Yogis, Qi Gong-Praktizierende, Meditierende und alternative Heiler wissen seit langem, dass bewusstes Atmen dabei helfen kann, Stress zu reduzieren, zu relaxen und Schmerzen zu lindern. Die Neurowissenschaftlerin Candace Pert bestätigt, dass viele dieser positiven Ergebnisse eintreten, wenn man beim Meditieren die Aufmerksamkeit auf den Atem richtet. Im Zusammenhang mit Vipassana, einer buddhistischen Form der Meditation, erklärt sie zum Beispiel, eine derartige bewusste Atmung helfe uns, »ohne Urteile oder Meinungen in den Geist-Körper-Dialog einzutreten, wobei Peptidmoleküle im Rautenhirn freigesetzt werden, die den Atemprozess steuern, während alle Systeme in Übereinstimmung miteinander gebracht werden«.[3] Wie wir jetzt bereits wissen, liegt der Schlüssel ganz einfach darin, unseres Atems gewärtig zu sein, dem Prozess des Einatmens und Ausatmens, der ganz von allein stattfindet, mit innerer Aufmerksamkeit zu folgen.

Bewusstes Atmen – ein Experiment

Wenn Sie mit der folgenden Übung zum bewussten Atmen experimentieren, sollten Sie es, besonders ganz am Anfang, in aller Ruhe und nie länger als ungefähr fünfzehn bis zwanzig Minuten lang tun. Sowie Sie mehr Erfahrung damit haben, über kurze Zeitspannen in aller Ruhe einfach Ihrem Atem zu folgen, werden Sie auch in anderen Momenten mitten am Tag spontan in der Lage sein, ihn bewusst wahrzunehmen, wenn es möglicherweise richtig wichtig ist – zum Beispiel mitten im Stress. Allein die bewusste Wahrnehmung Ihres Atems unter solchen Umständen, die Fähigkeit, ihm zu folgen und zu beobachten, wie er mit Ihren Gedanken, Emotionen, Bewegungen und Haltungen zusammenhängt, wird von ganz allein die Art und Weise verändern, in der Sie Stress und anderen Problemen gegenübertreten.

Setzen Sie sich jetzt auf einen Stuhl oder mit gekreuzten Beinen auf ein Kissen, schließen Sie die Augen, legen Sie die Hände in den Schoß oder auf die Knie und *spüren* Sie nur, wie Sie dasitzen und atmen (Abbildung 1.1). Lassen Sie die Empfindungen Ihres ganzen Körpers lebendig werden. Mittels bewussten Spürens, Ihrer Fähigkeit, in sich hineinzuhören, nehmen Sie das Gewicht Ihres Körpers auf dem Kissen oder dem Stuhl wahr, das Kribbeln Ihrer Haut, die Gestalt und Struktur Ihres Körpers, jegliche Muskelspannung und so weiter – alles zu gleicher Zeit.

Mit diesem Wahrnehmungshintergrund, einer Art allumfassender Empfindung Ihrer selbst, registrieren Sie nun einfach, was in Ihrem Körper geschieht, wenn Sie ein- und ausatmen.

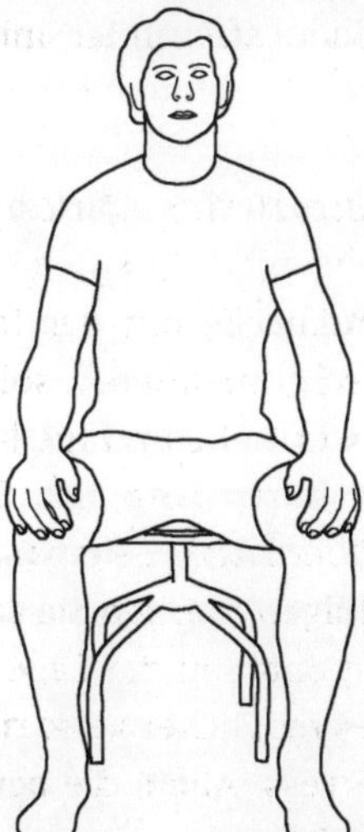

Abbildung 1.1
Grundhaltung im Sitzen

Zum Beispiel, wie die Luft in Ihre Nase eindringt und wieder hinausströmt, oder auch jede andere Empfindung, die mit dem Atmen zusammenhängt. Wenn Gedanken, Gefühle oder Beurteilungen in Bezug darauf auftreten, wie Sie möglicherweise besser atmen könnten, schließen Sie auch diese in Ihre bewusste Wahrnehmung ein, und lassen Sie sie dann los – sofort. Halten Sie sich nicht dabei auf, gehen Sie ihnen in keiner Weise nach. Versuchen Sie nicht, Ihren Atem zu verbessern. Folgen Sie ihm einfach und nehmen Sie alles wahr, was Sie anhand Ihrer inneren Empfindungen, Bewegungen und des Pulsierens Ihres Körpers über Ihren Atem wahrnehmen können.

Wenn Sie damit fertig sind, stellen Sie alle bewussten Bemühungen ein und genießen einfach, wie Sie dasitzen und atmen. Können Sie sich bereits als atmendes Wesen empfinden?

Schließlich stehen Sie auf und tun, was immer als Nächstes getan werden muss. Den Rest des Tages über kommen Sie alle paar Stunden immer wieder auf sich zurück und nehmen zur Kenntnis, wie Sie atmen. Tun Sie nichts als spüren und beobachten. In dem Maße, in dem Sie sich bewusster werden, wie Sie unter den verschiedenen Lebensumständen atmen, wie sich zum Beispiel Ihr Atemrhythmus im Stress beschleunigt, wie und wo er sich Ihr Atem zusammenzieht oder wie oft Sie ihn bei bestimmten Gefühlen unwillkürlich anhalten, wird das Licht des Gewahrseins von ganz allein dafür sorgen, dass Sie auf risikofreie, gesunde und natürliche Art und Weise atmen.

Im vierten Kapitel erhalten Sie noch Gelegenheit, eine fortgeschrittenere, erweiterte Fassung dieser Wahrnehmungsübung kennen zu lernen (»Bewusstes Atmen«).

Atemsteuerung

Wenn wir von Atemarbeit beziehungsweise Atemübungen sprechen, denken wohl die meisten von uns an Atemsteuerung. Diese Übungen, die oft auch als Atemkontrollübungen bezeichnet werden, sind vielleicht im indischen Pranayama am weitesten entwickelt, finden sich aber auch in vielen anderen spirituellen Traditionen. Um die gewünschten Ergebnisse zu erzielen, vertraut man darauf, den Atem absichtlich zu steuern. Dabei werden oft dramatische Veränderungen in der Geschwindigkeit oder auch in der Länge des Ein- und Ausatmens und der Pausen dazwischen vorgenommen, um chemische, hormonelle, energetische oder andere Veränderungen an Körper, Gefühlen, Verstand oder Bewusstsein hervorzurufen. Zur Atemsteuerung gehören zum Beispiel auch Techniken wie absichtliche Hyperventilation, schnelle Bauchatmung, abwechselnd durch beide Nasenlöcher atmen, Kehlverschluss und paradoxe Atmung. In den zahlreichen Büchern über Pranayama und Yoga, die heutzutage auf dem Markt sind, finden sich Hunderte von Übungen zur Atemsteuerung.

Auch in der Schulmedizin werden inzwischen immer mehr Übungen zur Atemsteuerung eingesetzt, können sie doch wie Arzneimittel ganz bestimmte chemische, hormonelle oder körperliche Veränderungen herbeiführen. Dr. Andrew Weil zum Beispiel berichtet von einem Patienten, dem es mit Hilfe einer seiner den Atem steuernden Übungen gelang, seinen Blutdruck zu senken.[4] Bei dieser Übung, die Dr. Weil »Entspannenden Atem« nennt, atmet man auf vier ein, hält den Atem auf sieben an und atmet schließlich auf acht aus.[5] Meiner Ansicht nach besteht einer der Gründe dafür, warum diese Übung bei manchen Menschen so gut anschlägt, darin, dass sie den Kohlendioxidspiegel normalisiert, was in unserer stressigen, unruhigen Zeit, in der ständig leichte Hyperventilation herrscht, dazu führt, dass die Zellen mehr Sauerstoff erhalten und dadurch das Nervensystem entspannt wird und zur Ruhe kommt.

Dr. Konstantin Pawlowitsch Butejko, ein russischer Arzt, der sich intensiv mit der Atmung und ihren Auswirkungen auf Asthma und andere Erkrankungen beschäftigt hat, behauptet, dass viele Menschen überempfindlich auf Kohlendioxid reagieren und deshalb schließlich »zu viel« atmen, um das Kohlendioxid schnell wieder auszuscheiden und stattdessen mehr Sauerstoff aufzunehmen.[6] Wenn wir das Atemtempo erhöhen, verlieren wir zu schnell zu viel Kohlendioxid, was unter anderem dazu führt, dass sich die Arterien und Blutgefäße verengen, wodurch sich die Sauerstoffmenge reduziert, die unsere Körper- und Gehirnzellen versorgt. Butejkos Lösungsvorschlag besteht darin, weniger zu atmen – eine Art »Atemdiät«, könnte man wohl sagen.[7] Er empfiehlt bestimmte Übungen zur Atemlenkung, bei denen es unter anderem darum geht, die Pause nach dem Ausatmen zu verlängern, um den Kohlendioxidspiegel im Blut wieder zu erhöhen und folglich zu normalisieren.

Zum richtigen Zeitpunkt und unter den richtigen Umständen eingesetzt, kann Atemkontrolle viel Gutes bewirken. Leonard Laswkow, M.D., führt zum Beispiel aus: »In bestimmten Momenten weckt das Atemanhalten die sofortige Aufmerksamkeit des Unbewussten und bringt den Körper durch die Verlangsamung des Herzschlags in Gleichklang mit ihm.«[8] Wenn wir in solchen Augenblicken den Atem anhalten, meint er, »bringen wir unseren Körper in Gleichklang mit sich selbst, mit dem Rhythmus des Gehirns in seinem empfänglichsten Zustand und mit den Rhythmen unseres Planeten. Diese Synchronizität vereinfacht Aufnahme und Übertragung von Informationen und Energie enorm, beides bedeutende Bestandteile des Heilungsprozesses.«[9]

Der wahllose Einsatz von Übungen zur Atemsteuerung

Je populärer Yoga wird, desto beliebter werden auch Übungen zur Atemlenkung. So wirksam und mächtig sie in klar definierten Situationen auch sein mögen, kann der wahllose Umgang mit ihnen sich jedoch schädlich auf das biochemische und hormonelle Gleichgewicht auswirken und nicht nur den Körper beeinträchtigen, sondern auch den Geist. Darüber hinaus können Übungen, die Anhalten des Atems und Anspannung der Muskulatur beinhalten, auf Dauer gesehen unsere Atemmuskulatur sowie das Gewebe in Mitleidenschaft ziehen und die harmonische Koordination gefährden, die für gesundes Atmen unerlässlich ist.[10] Durch Überdehnung des Gewebes kann es unter Umständen bis zur Schädigung der Lunge kommen. Der Atemlehrer und -therapeut Mike White meint sogar: »Jede Übung zur Atemsteuerung, die wir allzu häufig wiederholen, beeinträchtigt die Atmung.«[11] Diese unerwünschten Nebenwirkungen stellen sich möglicherweise erst nach einigen Jahren ein. Deshalb ist es bei der Atemsteuerung von größter Bedeutung, nur die richtigen Übungen zur richtigen Zeit zu machen. Dabei kann es sich als erforderlich herausstellen, den Rat eines Experten hinzuzuziehen, der in der Lage ist, für die jeweilige Situation die entsprechenden Übungen auszusuchen.

Bei einer gesunden Atmung geht es jedoch nicht allein um das Gleichgewicht von Kohlendioxid und Sauerstoff oder andere biochemische Vorgänge im Körper, sondern auch um die freien, spontanen Rhythmen und Bewegungen des Atmens in den Muskeln, Faszien, Knochen (inklusive Wirbelsäule), Organen, Körperflüssigkeiten und Energiekanälen. Der vollständige, freie, harmonische Ausdruck dieser Rhythmen und Bewegungen beim Atmen ist es, der insgesamt unserer Gesundheit dient und unser Wesen lebendig macht. Wenn man Übungen durchführt, zu denen Atemanhalten, Kehlverschluss oder eine hohe Anspannung der Atemmuskulatur gehören, ist es deshalb von größter Bedeutung, dass man bereits umfassend, natürlich, harmonisch atmen kann (oder zumindest dabei ist, es zu lernen). Anderenfalls besteht die Gefahr, dass man bestehende Probleme nur verschärft oder sich sogar neue schafft.

Es gibt allerdings auch Übungen zur Atemsteuerung, die nicht nur wirksam sind, sondern auch ungefährlich, selbst für Anfänger. Einige davon finden Sie im Anhang B. Ich schlage vor, dass Sie dort jetzt einmal »Eine einfache, ungefährliche Übung zur Stressbewältigung« ausprobieren. Andere hilfreiche Übungen zur Steuerung des Atems, die Sie später vielleicht einmal versuchen möchten, sind zum Beispiel »Die Atmung verlangsamen« und »Atmen zur Transformation von Wut«, die Sie ebenfalls im Anhang B finden können. Ihnen sollten Sie sich jedoch erst zuwenden, wenn Sie mit dem dritten Kapitel fertig sind.

Konzentriertes Atmen

Konzentrationsfähigkeit ist eine der ganz großen Errungenschaften des menschlichen Geistes. Ohne weiter darüber nachzudenken, bedienen wir uns ihrer in vielen Bereichen des Lebens. Wir konzentrieren uns auf ein Problem, eine Aufgabe, ein Hobby, ein Ziel, einen Menschen oder irgendetwas anderes. Indem wir uns konzentrieren und dabei sowohl die Aufmerksamkeit als auch unsere Absichten zugleich einschränken und erweitern, können wir mehr wahrnehmen und erreichen, als es uns sonst möglich wäre.

Beim konzentrierten Atmen bedienen wir uns der Aufmerksamkeit, insbesondere des bewussten Spürens, um einen bestimmten Teil unseres Körpers zu erfahren, und unsere Absichten richten wir darauf, die inneren und äußeren Bewegungen und Energien des Atems in diese Region zu lenken. Visualisierungen können durchaus dabei helfen, uns auf einen bestimmten Bereich zu konzentrieren und dort hinein zu atmen, müssen jedoch unbedingt mit tatsächlichen Empfindungen verbunden sein. Wenn es ums Atmen geht, kann uns Visualisierung ohne Empfindung die Illusion vorgaukeln, wir hätten etwas begriffen, was wir in Wirklichkeit gar nicht erfahren haben.

Konzentriertes Atmen erfordert keinerlei körperliche oder emotionale Anstrengung. Wir verändern dabei nicht absichtlich den Rhythmus oder die Tiefe unseres Atems. Wir *spüren* einfach (oder spüren und visualisieren zugleich) einen Teil unseres Körpers. Dann lassen wir den Atem mindestens ein paar Minuten lang so kommen und gehen, *als ob* wir tatsächlich in den entsprechenden Körperteil atmen würden. Der Kohlendioxid/Sauerstoffaustausch findet dabei natürlich in der Lunge statt[12], die körperlichen und energetischen Bewegungen unseres Atems werden aber in derjenigen Körperregion erlebbar, mit der wir gerade arbeiten.

Konzentriertes Atmen und Selbstheilung

Konzentriertes Atmen ist besonders bei der Selbstheilung hilfreich. Bewegung und Energie des Atems schließen sich gewöhnlich unserer Aufmerksamkeit an, und deshalb besteht der erste Schritt beim konzentrierten Atmen darin, dass wir lernen, bestimmten Körperpartien unsere Aufmerksamkeit zu schenken und sie zu spüren – Haut, Muskeln, Faszien, Organen, Knochen und so weiter. Aufgrund der verstärkten Gewebebewegung, für die das konzentrierte Atmen im jeweiligen Körperbereich sorgt, unterstützt es nicht nur den Lymph- und Rückfluss venösen Blutes, sondern auch die Sauerstoffversorgung und vieles mehr. Wenn wir irgendwo im Körper Verspannungen oder Unbehagen empfinden, können wir sie (je nach Ursache) manchmal lindern, indem wir die betreffende Partie erspüren und unserem Atem gestatten, das Gewebe, die Organe, Körperflüssigkeiten, Knochen und Energien dort zu berühren und zu aktivieren.

Konzentriertes Atmen kann auch helfen, die verschiedenen »Atemräume« des Körpers zu öffnen, und damit zu einem volleren, umfassenderen Atemgeschehen beitragen. Durch bewusstes Gewahrsein, indem wir also unserem Atem folgen, werden wir schnell Stellen im Körper entdecken, die übermäßig aufgebläht, eingesunken oder verhärtet sind, Stellen (die wir als flexibel und geräumig erleben könnten), welche von den aufeinander folgenden Bewegungen des Einatmens und Ausatmens nur ungenügend erreicht werden. In Frage kommen etwa der Bauch, der untere Rippenbereich, Schultergürtel, Rücken, Lendenwirbelgegend oder Brustkorb. Wenn wir erst einmal wissen, an welchen Stellen wir nur unzureichend atmen, können wir beginnen, uns auf diese Bereiche zu konzentrieren und unserem Atem zu gestatten, sie umfassender einzubeziehen.

Konzentriertes Atmen kann jedoch auch Probleme verursachen. Die potenzielle Gefahr besteht darin, dass wir unseren Fokus zu sehr oder zu lange auf einen einzigen Körperteil richten. Eine solche intensive Konzentration kann dazu führen, dass sich die Bewegung unseres Zwerchfells und der anderen Atemmuskeln noch weiter einschränkt. Überdies ist nicht auszuschließen, dass es zu Ungleichgewichten sowohl körperlicher als auch seelischer Natur kommt. Trotz allem ist und bleibt aber das konzentrierte Atmen ein wirksames Instrument im großen Kanon der Atemarbeit.

In einen verspannten Körperbereich atmen

Setzen Sie sich ruhig hin und registrieren Sie Ihren ganzen Körper, auch den Atem. Achten Sie darauf, ob Sie irgendwo im Bauch, im Rücken oder im Brustkorb einen Bereich ausmachen, der besonders verspannt oder in seiner Bewegungsfähigkeit eingeschränkt ist.

Ohne die Hände zu benutzen, irgendeine bestimmte Haltung einzunehmen oder eine besondere Bewegung zu machen, richten Sie dann Ihre ganze Aufmerksamkeit auf die betreffende Stelle. Spüren Sie, wie sie bei jedem Ausatmen weicher wird und sich tiefer entspannt und wie sie von jedem Einatmen mit Luft, Energie und Raum erfüllt wird. Bleiben Sie mit voller Aufmerksamkeit zehn Minuten lang dabei. Achten Sie darauf, wie Sie sich danach fühlen.

Die drei Atemräume kennen lernen

Sie sitzen ruhig da und folgen allen inneren und äußeren Bewegungen Ihres Atems (wie Sie es bereits aus der Übung »Bewusstes Atmen – ein Experiment« kennen). Sobald Sie sich in der Lage fühlen, den gesamten Bewegungen Ihres Atems zu folgen, ohne auf irgendeine Weise in das Geschehen einzugreifen, achten Sie besonders auf die drei wesentlichen Atemräume Ihres Körpers: den *unteren* zwischen dem Nabel und den Füßen, den *mittleren*, der sich von der Nabelgegend bis zum oberen Ende des Zwerchfells erstreckt, und den *oberen* Atemraum vom oberen Ende des Zwerchfells bis zum Scheitel.

Wenn Sie mit diesen Atemräumen arbeiten, ist es besonders zu Beginn am besten, wenn Sie sich in erster Linie auf das Gravitationszentrum des jeweiligen Raums konzentrieren (siehe Abbildung 1.2). Das Gravitationszentrum des unterem Atemraums befindet sich ungefähr drei bis fünf Zentimeter unterhalb des Nabels. Im Japanischen nennt man diese Stelle Hara, bei den Chinesen ist sie als unteres Tan-tien bekannt. Der mittlere Atemraum hat sein Gravitationszentrum in Höhe des Solarplexus. Das Gravitationszentrum des oberen Atemraums schließlich liegt in der Höhe des Herzens.

Ohne irgendetwas zu verändern, spüren Sie jetzt einfach das Gravitationszentrum jedes einzelnen Atemraums und nehmen wahr, in welchem Maße es sich beim Einatmen öffnet (oder öffnen will) und beim Ausatmen schließt (beziehungsweise schließen will). Arbeiten Sie jeweils nur mit einem Atemraum. Sie beginnen mit dem unteren und bewegen sich nach einigen Atemzügen allmählich (vom Hara über den Solarplexus bis zum Herzen) hoch. Arbeiten Sie etwa fünf Minuten so weiter. Dann schauen Sie nach einigen weiteren Atemzügen, ob Sie die Bewegungen in allen drei Atemräumen gleichzeitig spüren können.

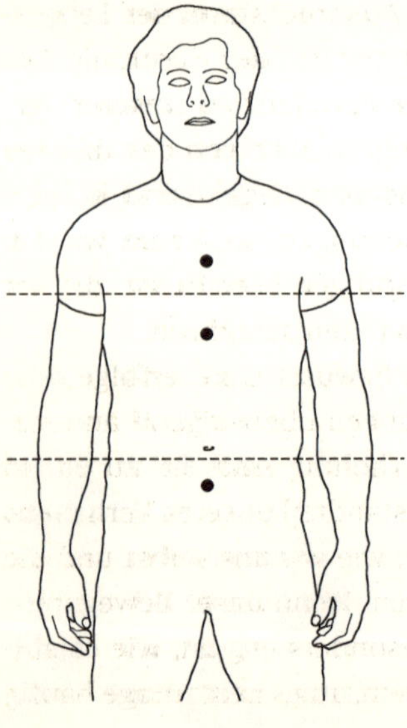

Abbildung 1.2
Gravitationszentren der drei Atemräume

Konzentrieren Sie sich dann wieder (beim unteren beginnend) auf die einzelnen Atemräume, diesmal aber so, als würden Sie jeweils nur in diesen einen Bereich Ihres Körpers atmen, und zwar mit der Absicht, dass sich der entsprechende Atemraum beim Einatmen erweitert und beim Ausatmen wieder zusammenzieht. Bedienen Sie sich ausschließlich Ihrer Aufmerksamkeit und Ihrer Absichten. Benutzen Sie weder die Hände noch irgendeine andere körperliche oder emotionale Kraft, um den Raum zu öffnen und wieder zu schließen. Nachdem Sie mit jedem Raum ein paar Minuten gearbeitet haben, hören Sie auf, sich zu konzentrieren, und kehren zum reinen Gewahrsein Ihrer selbst als atmendem Wesen zurück. Spüren Sie jetzt mehr Bewegung in Ihrem Atmen?

Bewegungsgestütztes Atmen

Bewegung ist eine grundlegende Ausdrucksform der Lebenskraft. Wie wir atmen, hängt nicht nur von der Harmonie, Koordination und vom Umfang der Bewegungen unserer verschiedenen Atemmuskeln ab, sondern auch von der unseres Gewebes, der Knochen, Bänder, Sehnen, Organe und Körperflüssigkeiten. Diese inneren Bewegungen wiederum werden ihrerseits von den äußeren Bewegungen beeinflusst, die wir im Zuge unserer alltäglichen Aktivitäten ausführen.

Obwohl wir uns dessen kaum bewusst sind, erfolgen die meisten unserer äußeren Bewegungen überwiegend automatisch. Aufgrund ständiger Wiederholung sind sie zu einem im Wesentlichen unbewussten Bestandteil unseres Verhaltens und der Art und Weise geworden, wie wir uns selbst und die Welt sehen, empfinden und spüren. Wenn unser Bewegungsradius in irgendeiner Hinsicht besonders eng ist, wie es aufgrund unseres einseitigen Körpereinsatzes heutzutage häufig vorkommt, wird auch der Atem in der Regel beeinträchtigt sein und über nur wenig Fülle, Natürlichkeit und Freiheit verfügen.

Für viele von uns bestehen die anspruchsvollsten Bewegungen, zu denen wir in unserer täglichen Routine kommen, schon darin, ins Auto zu steigen und wieder herauszuklettern, zur Bushaltestelle zu gehen, Geschirr zu spülen, uns nach dem Bad oder der Dusche abzutrocknen, uns ins Bett oder aufs Sofa fallen zu lassen und wieder aufzustehen, Sex zu haben, die Fernbedienung zu betätigen und den Müll rauszubringen. Manche bekommen nicht einmal genug Bewegung, um Herz und Kreislauf gesund erhalten zu können. Und wer einen körperlich harten Beruf hat oder eine bestimmte Sportart ausübt, wiederholt ohne nennenswerte Variationen wieder und wieder dieselben Bewegungen. Nur wenige verlangen ihrem Körper häufig neue, unterschiedliche Bewegungen ab. Infolgedessen verringert sich unser Bewegungsrepertoire immer mehr, es wird eingeschränkt und unflexibel – unfähig, die Fülle des Lebens so zum Ausdruck zu bringen, wie wir sie im Inneren empfinden.

Bewegungen stimulieren und prägen unseren Atem

Ganz allgemein kann man sagen, dass Bewegung den Atem stimuliert. Jede Bewegung, die wir machen – gehen, laufen, drehen, wenden, beugen, greifen und so weiter – prägt unsere Atmung auf eine ganz eigene Weise, je nach den spezifischen Spannungen und Blockaden im Körper. Beim Einatmen die Arme in die Luft zu strecken hilft den meisten zum Beispiel, den Atemraum im oberen Brust- und Rückenbereich zu aktivieren. Sich beim Einatmen von der Taille aus vorzubeugen aktiviert den Atemraum im unteren Rücken. Den Raum in der Flanke kann man aktivieren, indem man sich zur anderen Seite dreht und dabei einatmet. Wenn man sich beim Luftholen nach vorn streckt, öffnet sich der Atemraum im mittleren Rücken. Die Möglichkeiten sind schier unendlich.

Zumindest theoretisch könnte man die Tiefe und Kraft des Atems schon dadurch erheblich verbessern, dass man die Blockaden in der Brust, im Rücken, im Bauch und so weiter spürt und bewusst eine Reihe von Bewegungen durchführt, um zu entspannen oder die entsprechenden Räume zu öffnen. Übermäßiger Stress, Sorgen, Ängste, Wut und andere negative Emotionen[13], aber auch allzu große Konzentration auf die »Ergebnisse«, die wir mit den Bewegungen zu erzielen hoffen, führen bei vielen Menschen allerdings dazu, dass der Atemfluss, besonders am Anfang, unterbrochen wird. So wird zum Beispiel oft der Atem angehalten, wenn man zu einer Bewegung ansetzt, was eine vorübergehende Erstarrung der Atemmuskulatur mit sich bringt. Es kann auch zum kurzzeitigen Forcieren der Atmung kommen, wodurch sich das Atemvolumen reduziert, oder zu anderen Unregelmäßigkeiten, deren Ursachen mentaler oder emotionaler Natur sind, wie etwa Vorfreude oder bestimmte andere Erwartungshaltungen, deren wir uns selten bewusst sind. So beschränken also gerade Bewegungen, die dazu dienen könnten, ihn freizusetzen, den Atem nur noch mehr, direkt oder indirekt.[14]

Es gibt viele Möglichkeiten, die Kraft der Bewegung für eine gesunde Atmung zu nutzen, aber alle beginnen mit der bewussten Wahrnehmung, damit, den Atem im Geschehen zu beobachten, ihm den ganzen Tag über zu folgen. Achten Sie darauf, wie oft Sie in den Atemprozess eingreifen, wenn Sie sich zu einer Bewegung anschicken, oder auf welche Weise Ihre Bewegungen die Atmung freisetzen oder beeinträchtigen, je nach der emotionalen Verfassung, in der Sie sich gerade befinden. Sie werden zum Beispiel bemerken, dass die Bewegungen, die Sie machen, wenn Sie ruhig oder glücklich sind, ganz anders auf die Atmung wirken als wenn Sie zornig oder ungeduldig sind – obwohl die Bewegungen als solche Ihrer Auffassung nach mehr oder weniger die gleichen sind.[15]

Um den Einfluss der verschiedenen Aktivitäten auf Ihre Atmung auszutesten, können Sie ihr bei bestimmten Bewegungen folgen, die den einen oder anderen Teil des Atemapparates aktivieren. Probieren Sie es mit Tai-chi, Qi Gong, Tanz oder Yoga. Sie können aber auch mit Gehen (siehe Anhang A, »Bewusstes Gehen«) oder Stretching anfangen. Beim Stretchen oder Dehnen ist es allerdings wichtig, dass Sie neue, sanfte und spontane Bewegungsformen finden. Von gewissen ganz speziellen Bewegungen und Übungen abgesehen, ist es in der Regel besser, wenn Sie nicht versuchen, Ihren Atem auf die Bewegungen abzustimmen. Überlassen Sie es stattdessen lieber Ihrem Atem, dass er sich den Bewegungen anpasst. So ergeben sich neue, natürlichere und spontanere Atemmuster, und Sie haben die größte Chance, den Effekt Ihrer Bewegungen beobachten zu können.

Dehnen zur Öffnung der Atemräume

Instinktiv wissen wir, wie wichtig Dehnen für unser Wohlbefinden ist. Wir spüren, dass es unsere Muskeln, Bänder, Sehnen und Faszien entspannt und das Blut in Wallungen bringt. Wenn wir unruhig oder ängstlich sind, wirkt Dehnen beruhigend. Je älter wir werden, desto weniger recken und strecken wir uns jedoch. Das ist schade, nicht nur für unser allgemeines Wohlbefinden, sondern auch für Atmung und Gesundheit.

Atemarbeit ist umso wirksamer, je vertrauter wir unseren Atem erfahren können. Eine der einfachsten und praktischsten Möglichkeiten besteht darin, die Atmung beim Dehnen zu beobachten und bewusst zu spüren. Egal, ob wir uns automatisch recken und strecken, nachdem wir zu lange gesessen beziehungsweise gestanden haben, oder ob wir extra Dehnübungen machen, um den Atem zu erforschen, immer können wir beobachten, wie sich die unterschiedlichen Dehnungen auf die Atemtätigkeit auswirken.

Wenn wir genau darauf achten, werden wir feststellen, dass wir bei der Dehnung selbst meistens einatmen und ausatmen, sowie wir loslassen, wenn Muskeln und Gewebe sich wieder entspannen. Das ist die natürliche Atemreaktion. Deshalb ist es auch nicht erforderlich, dabei irgendwie auf den Atem einzuwirken. Erforderlich ist lediglich, dass Sie sich öfter und an möglichst vielen Stellen dehnen und währenddessen den Atem bewusst spüren und empfinden. Wichtig ist auch, dass Sie nach Beendigung einer jeden Dehnübungen bewusst noch einen Moment beim Atem verweilen und beobachten, ob und wie er sich verändert hat.

Dehnen wirkt sich in vielerlei Weise aus. Wenn ich beobachte, wie sich meine Golden-Retriever-Hündin reckt und streckt, was sie häufig und in den verschiedensten Stellungen tut, scheint sie in allen Richtungen länger zu werden und sich auszudehnen. Es sieht aus, als breite sich ihr ganzes Gewebe aus und alle inneren Räume ihres Körpers würden sich öffnen. Am liebsten dehnt sie sich, wenn sie auf dem Rücken liegt. Dabei scheint sie nicht nur länger zu werden, sondern auch an Volumen zuzunehmen. Diesen Effekt können auch wir Menschen erzielen, wenn wir uns dehnen, besonders wenn wir uns von innen heraus auf vielerlei Weise und in verschiedene Richtungen recken und strecken. Dann können wir spüren, dass nicht nur unser Körpervolumen zunimmt und sich in alle Himmelsrichtungen erstreckt, sondern auch der Umfang unseres Atems.

Wenn Sie Lust haben, ein wenig mit Dehnübungen zu experimentieren, fangen Sie am besten mit den Bewegungen an, die Sie üblicherweise schon machen. Beobachten Sie Ihre Atmung beim Dehnen. Nach ein oder zwei Minuten versuchen Sie sich eine Zeit lang so zu dehnen, wie Sie es noch nie zuvor getan haben. Bei voller Aufmerksamkeit, ganz langsam und sanft. Achten Sie darauf, dass Ihre Bewegungen flüssig und geschmeidig sind. Schauen Sie, wie sie auf Ihren Atem wirken. Sie dehnen Ihre Arme, Beine, die Kniekehlen, den Rumpf, den Hals und so weiter. Greifen Sie mit den Händen nach den Sternen, drücken Sie sie zum Boden hin, drehen und wenden Sie sich auf eine Art, die Ihnen nicht vertraut ist. Dehnen Sie sich von der Leber aus, von den Nieren und Ihren anderen inneren Organen. Können Sie sich von den Beckenknochen aus dehnen? Was ist mit den Hüften, dem Magen, den Augäpfeln und Ohren? Lassen Sie Ihre Phantasie spielen und dehnen Sie sich, wie sich nie ein Mensch zuvor gedehnt hat. Wichtig ist nur, dass Sie es langsam tun, wohlig und sanft bei vollem Bewusstsein.

Wenn Sie fertig sind, nehmen Sie sich noch etwas Zeit und spüren, ob und wie sich Ihre emotionale Verfassung und Ihr Atem verändert haben. Machen Sie eine komplette Inventur Ihrer selbst. Dies ist ein wichtiger Bestandteil der Übung, denn es verschafft Ihrem Gehirn und dem Nervensystem eine Möglichkeit, die neuen Eindrücke, die Sie erhalten haben, zu verarbeiten und zu integrieren.

Der Wippende Atem

Die folgende Übung, von der es heißt, sie sei von dem taoistischen Weisen Lao Tsu praktiziert worden, dient unter anderem dazu, den Atem neu zu beleben, wenn er flach und leblos geworden ist; außerdem regt sie Blut-, Lymph- und Energiefluss im ganzen Körper an.

Sie stellen sich hin, das Gewicht gleichmäßig auf beide Füße verteilt, und lassen die Arme locker an den Seiten herunterhängen. Ihre Füße stehen parallel, etwa hüftbreit auseinander (siehe Abbildung 1.3 a). Verschaffen Sie sich jetzt einen Eindruck davon, wie Sie atmen. Achten Sie besonders darauf, welche Teile Ihres Körpers am Atemprozess beteiligt sind. Sowie Ihnen das bewusst ist, beginnen Sie auf und ab zu wippen (wobei sich die Knie abwechselnd leicht beugen und strecken), ohne die Füße vom Boden zu heben (siehe Abbildung 1.3 b). Ihr Kopf ruht auf der Wirbelsäule, Sie schauen gerade-

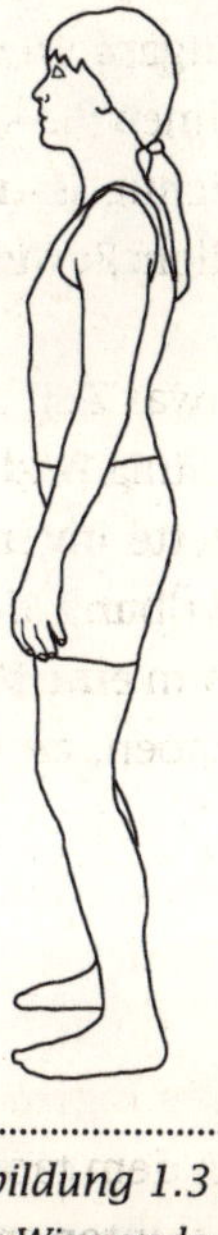

Abbildung 1.3 a
Der Wippende Atem:
Ausgangsstellung

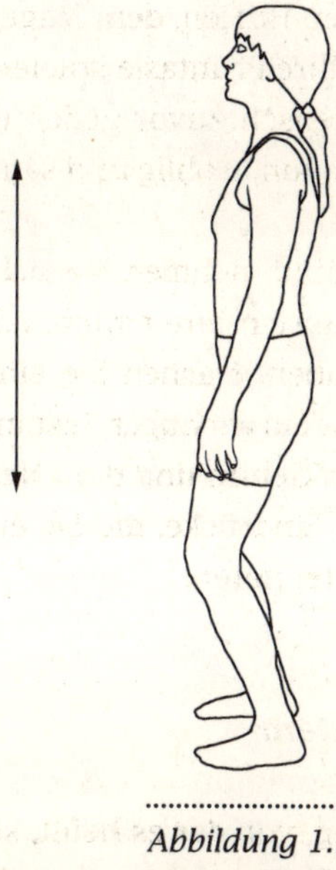

Abbildung 1.3 b
Der Wippende Atem:
zum Wippen leicht gebeugte Knie

aus. Wippen Sie zunächst langsam, dann finden Sie allmählich einen Rhythmus, in dem Sie bequem einige Minuten lang wippen können. Dabei lockern und entspannen sich Ihre Füße, Fußgelenke, Knie, Oberschenkel, das Becken, die Genitalien, Hüften, Bauch, Rücken, Brust, Schultern, Arme, Hände, Hals, Gesicht und Kopfhaut. Das Wippen erreicht auch ihre inneren Organe und hilft ihnen, sich zu entspannen.

Während Sie in diesem Rhythmus weiterwippen, spüren Sie, wie Ihr Atem nach und nach alle Teile Ihres Körpers einbezieht. Auf diese Weise können Sie bis zu fünf Minuten wippen. Kurz vor Schluss werden Sie allmählich immer langsamer und es fühlt sich an, als wippten Sie nur noch innerlich. Dann bleiben Sie noch etwa eine Minute lang einfach so stehen, hören nur noch in sich hinein und lauschen auf Ihren Atem. Wie hat das Wippen Ihren Atem verändert? Welche Unterschiede nehmen Sie wahr?

Der Lachende Atem

Schon seit langem ist bekannt, dass Lachen heilen kann. Wie neuere Forschungsergebnisse belegen, reduziert Lachen verschiedene Stresshormone im Körper. Überhaupt ist das Lachen eines der wirksamsten Instrumente zur Stressbewältigung, die uns zur Verfügung stehen. Durch Lachen steigern wir auch den Immunglobulin-A-Spiegel im Blut, der vor Grippe- und Erkältungsviren sowie vor Erkrankungen der oberen Atemwege schützt. Lachen, besonders wenn es so richtig aus dem Bauch herauskommt, ist darüber hinaus gut fürs Herz und verbessert den Atemprozess. Durch die Bewegungen, die das Lachen im ganzen Körper auslöst, werden die Atemmuskeln auf natürliche Weise entspannt und gestärkt, und es verbessert sich auch deren Reaktionsfähigkeit auf die jeweils verschiedenen Anforderungen, die an die Atmung gestellt werden. Nicht zuletzt wird bei herzhaftem Lachen auch die Lunge von verbrauchter Luft befreit.

Probieren Sie es jetzt gleich einmal aus. Verschaffen Sie sich zunächst wieder einen Eindruck davon, wie Sie im Moment atmen. Und dann denken Sie an etwas Lustiges, das Sie einmal erlebt haben und das Sie zum Lachen bringt. Sie können auch an einen Witz denken, an einen Comic oder an irgendetwas anderes, worüber Sie lachen müssen. Wenn Ihnen partout nichts einfällt, lachen Sie einfach über die pure Absurdität dieses vielsagenden Umstandes. Sie lachen ganz tief in den Bauch hinein. Mindestens zwei Minuten lang. Danach stellen Sie noch einmal fest, wie Sie atmen. Was ist jetzt anders?

Diese Übung können Sie auch mit Freunden machen. Dabei setzen Sie sich zusammen und fangen an, Fratzen zu schneiden. Lachen ist ansteckend, und so wird es nicht lange dauern, bis der ganze Raum von herzhaftem Gelächter erfüllt ist. Täglich ein paar Minuten kräftig ablachen verbessert die Atmung, ist gut für die Gesundheit und kann durchaus Ihr Leben verlängern.

Haltungsgestütztes Atmen

Die Lebenskraft drückt sich in Strukturen aller Art aus. Sie repräsentieren die Methoden des Organismus, die ihm eigene körperliche Form mit den zahlreichen inneren und äußeren Anforderungen in Einklang zu bringen, die ein Leben unter dem Gesetz der Erdanziehungskraft stellt. Die Stellungen und Körperhaltungen, die wir am häufigsten einnehmen, drücken jedoch nicht nur unsere jeweiligen aktuellen Bedürfnisse, Hoffnungen, Ängste, Ziele, Wahrnehmungen, Traumata und körperlichen Gewohnheiten aus, sondern legen zugleich Zeugnis von unserer seelisch-körperlichen Geschichte und der grundsätzlichen Haltung ab, die wir dem Leben gegenüber einnehmen. Zugleich spiegeln sie wider, wie weit wir uns öffnen können. Indem wir uns daran gewöhnen, unsere Stellungen und Körperhaltungen genauer und häufiger zu beobachten, gewinnen wir unmittelbare sinnliche Eindrücke und Erkenntnisse über die Kräfte, die in und auf uns wirken.

Jede Haltung, die wir einnehmen, prägt die Atmung

Alle Stellungen und Körperhaltungen, die wir einnehmen, spiegeln aber nicht nur wider, was in uns geschieht, sondern sie prägen auch auf jeweils ganz spezifische Weise unser Atemgeschehen. Dies kann nicht nur negative, sondern auch positive Konsequenzen haben. Wenn wir zum Beispiel in aller Regel Stellungen beziehen und Haltungen einnehmen, die Rücken, Bauch, Zwerchfell oder Brustkorb über die Maße verspannen und einengen, so wird dies die inneren Bewegungen, die Bestandteil einer gesunden Atmung sind, im Laufe der Zeit natürlich behindern und sich dadurch negativ auf den Atem auswirken. Andererseits kann der Atem aber auch seinen natürlichen Rhythmus, seine Elastizität und Geschmeidigkeit genau dadurch wiedergewinnen, dass wir eine bestimmte Haltung einnehmen, die geeignet ist, eine Körperpartie zu entspannen oder zu öffnen, die sonst eher verspannt oder eingeengt ist.

Unsere gewohnheitsmäßigen Stellungen und Haltungen, die reflektieren, wie und wo sich unser Körper verspannt beziehungsweise entspannt, spielen natürlich eine große Rolle für die Gesundheit und Funktionstüchtigkeit unserer Muskeln, Faszien, Sehnen, Bänder und Knochen, welche ihrerseits die

Art und Weise beeinflussen, in der wir atmen. Sie beeinflussen darüber hinaus die inneren Organe, ihr Zusammenwirken sowie die Verbindung zu den anderen Körpersystemen.

Bei mir persönlich war es zum Beispiel so, dass ich als Kind sehr introvertiert war und voller Ängste und Unsicherheiten steckte, was in Kombination mit einer jahrelangen sitzenden Tätigkeit – ständig über Schreibtisch und Computertastatur gebeugt – schließlich zu einer leichten Form von Kyphose (Vorwärtskrümmung der Lendenwirbelsäule) in Kombination mit Lordose (Rückwärtskrümmung der Halswirbelsäule zur Kompensation der Kyhose) führte, welche die Funktionsfähigkeit meines Zwerchfells aus dem Gleichgewicht brachten. Dies war aber nicht allein das Ergebnis meines leicht eingefallenen Brustkorbs und der verkrümmten Wirbelsäule sowie der sich daraus ergebenden unnötigen Muskelspannung im Hals- und Rippenbereich, sondern resultierte auch daraus, dass die natürlichen, spontanen Bewegungen des Herzbeutels, im Dickdarm und den anderen inneren Organen durch meine Körperhaltung beeinträchtigt wurden. Wie mir mein Osteopath bei der manuellen Therapie klarmachte, hatten bei mir auch die inneren Organe aufgrund der verschiedenen Verbindungen, die zwischen ihnen sowie mit dem sie umgebenden Gewebe bestehen, das Zwerchfell belastet und es in seiner Funktionsweise beeinträchtigt. Da im Körper letztlich auf irgendeine Weise alles mit allem zusammenhängt und sich gegenseitig beeinflusst, hat jedes Ungleichgewicht, das in irgendeinem Teil entsteht, zwangsläufig Auswirkungen auf den gesamten Organismus. Einige dieser komplexen Zusammenhänge erklärt der Osteopath Ken Lossing wie folgt:

»Alle Gelenke, Organe, Nerven und Gewebearten sind durch Faszien miteinander verbunden, eine Art Bindegewebshäutchen. Diese Faszien funktionieren wie Fäden oder Kabel, die mechanische Spannungen von einem Teil des Körpers in einen anderen leiten können. Wenn wir einatmen, dehnt sich die Lunge aus, das Zwerchfell sinkt abwärts und alle inneren Organe, die Eingeweide, müssen weichen. Mit jedem Atemzug bewegen sich auch die Faszien im ganzen Körper ein wenig. Es ist bekannt, dass diese Bewegungen der Organe und Faszien unter anderem die Versorgung der Organe mit Blut beeinflusst. Durch Krankheiten, eine schlechte Haltung, zu wenig Bewegung, selbst kleinste körperliche Traumata, Stoffwechselprobleme und emotionale oder körperliche Verspannungen können diese Bewegungen eingeschränkt werden. Praktisch bedeutet dies, dass wenn die Verbindungen der inneren Organe untereinander beziehungsweise zum umgebenden Gewebe allzu dicht sind, die Menge an Blut und anderen Körperflüssigkeiten reduziert wird, die in die inneren Organe fließen. Dies kann die Arbeit der inneren Organe behindern und sich somit schädlich auf die Gesundheit auswirken.

Neuere Forschungen haben ergeben, dass die Körperzellen an ihren Wänden über eine Substanz verfügen, die Informationen über mechanische Spannungen an einer Zelle an alle anderen weitergeben. Diese Informationen beeinflussen den interzellularen Austausch von Flüssigkeiten, Gasen, Nährstoffen und anderen Stoffwechselprodukten. Mit anderen Worten wirkt sich der Austausch von Spannungen, der beim Atmen stattfindet, bis auf Zellniveau aus. Je besser wir atmen, desto gesünder sind auch unsere Zellen.«[16]

Ganz offensichtlich haben viele von uns nicht gelernt, so zu sitzen, zu stehen, zu liegen und sich zu bewegen, dass eine gesunde Atmung und die freie Bewegung von Faszien, Körperflüssigkeiten, Muskeln, Gewebe und so weiter möglich sind. Viele hocken zum Beispiel stundenlang verkrampft über den Schreibtisch gebeugt. Andere lümmeln ewig zusammengesunken und irgendwie verdreht auf dem Stuhl, Sofa oder Bett herum und gucken fern. Einige tun sogar beides. Solche Körperhaltungen haben, wenn sie Tag für Tag eingenommen werden, einen verheerenden Einfluss auf die Atmung. Glücklicherweise können wir jedoch die Stellungen und Haltungen, die wir beim Arbeiten, Spielen und Entspannen einnehmen, verändern, wenn wir es nur wollen.

Die Auswirkungen unserer Schlafstellungen auf den Atem

Einen der größten Einflüsse auf unsere Atmung hat die Art, wie wir schlafen. Wenn Sie sich vor Augen führen, dass die meisten von uns jede Nacht sieben bis acht Stunden schlafen, wird deutlich, dass die Haltung, die wir dabei einnehmen, je nach der individuellen Dynamik des Körpers und unserer Blockaden einen mächtigen Einfluss darauf haben kann, wie wir atmen. Und welche Schlafstellung ist in puncto gesunde Atmung optimal? Auf diese Frage gibt es viele Antworten.

So empfehlen zum Beispiel einige Atemtherapeuten und -lehrer, auf dem Rücken zu schlafen. Sie vertreten die Auffassung, für den Atem sei diese Stellung am besten, weil sie Zwerchfell, Bauch, Brustkorb, den Organen und Gliedmaßen größere Bewegungsfreiheit verschaffe als wenn man auf dem Bauch oder der Seite liege. Der Atemtherapeut und -lehrer Michael Grant White stimmt im Prinzip zu. In einem Telefonat mit mir erklärte er jedoch auch: »Auf dem Rücken zu schlafen ist für diejenigen Menschen die beste Stellung, die optimal atmen wollen und unter keinen größeren emotionalen Belastungen leiden. Wer jedoch irgendwelche Atemprobleme hat, für den ist es nicht unbedingt zu empfehlen.«

Anhänger der Butejko-Atemschule meinen etwa, wir sollten nicht auf dem Rücken schlafen, schon gar nicht bei Asthma, da diese Stellung zur Folge habe, dass man »überatme«, was ihrer Auffassung nach dazu führt, dass zu schnell zu viel Kohlendioxid entweicht, woraus resultiere, dass unsere Atemwege beeinträchtigt würden und nicht genug Sauerstoff in die Zellen gelange. Sie empfehlen, stattdessen lieber auf der linken Seite zu schlafen. Ich halte »Überatmen« zwar nicht für das eigentliche Problem, sondern lediglich für einen Ausdruck davon[17], finde aber auch, dass es für Asthmatiker durchaus sinnvoll sein kann, auf der Seite zu schlafen, bis sie die Probleme, die mit ihrer Krankheit zusammenhängen, in den Griff bekommen haben.

Auch neuere Forschungsergebnisse deuten darauf hin, dass es für Menschen, die schnarchen oder unter Schlafapnoe leiden, besonders in Kombination mit Übergewicht, besser sein kann, auf der Seite zu liegen als auf dem Rücken. Obwohl es nicht allgemein bekannt ist, sind Schnarchen und Schlafapnoe, also Unterbrechungen des Atemrhythmus, potenzielle Gefahrenherde für die Gesundheit und sollten deshalb keinesfalls auf die leichte Schulter genommen werden. So ist zum Beispiel erwiesen, dass Schlafapnoetiker ein größeres Risiko haben, an Bluthochdruck zu erkranken.[18]

Wenn wir auf dem Bauch schlafen, fällt es uns natürlich oft leichter, in den Rücken zu atmen (wenn er nicht, wie so häufig, besonders verspannt ist), aber in diesem Fall kann die Verdrehung der Halswirbelsäule (die sich praktisch nur vermeiden lässt, wenn man auf einer Massageliege schläft, die über eine Aussparung für den Kopf verfügt) zu Beeinträchtigungen des Blut-, Lymph- und Energieflusses sowie der Funktionstüchtigkeit des Zwerchfells führen. Mehr noch: Durch unser Körpergewicht werden Bauch und Brustkorb zusammengedrückt, was wiederum zur Folge hat, dass sich die Atembewegungen in diesen Partien nicht frei entfalten können. Wenn man auf dem Bauch schläft, kommt es deshalb oft zu einer flachen, angestrengten Atmung, und am nächsten Morgen fühlt man sich müde und matt.

Manche Yoga-Anhänger empfehlen, in einer Stellung auf der Seite zu schlafen, die man »Yoga-Haltung« nennt, mit angezogenen Knien und einer Hand zwischen Gesicht und Unterlage. Ein Autor zum Beispiel meint, »nach der Yoga-Tradition sollte man nachts durch das rechte Nasenloch atmen, was bedeutet, dass man auf der linken Seite schläft«.[19] In anderen Yoga-Büchern habe ich etwa gelesen, wenn man friere, solle man auf der linken Seite einschlafen, was der Meinung der Autoren nach das sympathische Nervensystem aktiviere und dabei helfe, wieder warm zu werden. Wenn man dann nicht mehr friere, solle man sich umdrehen, da die rechte Seite das parasympathische Nervensystem aktiviere beziehungsweise die »Entspannungsreaktion« herbeiführe, was den Schlaf vertiefe.[20] Wenn man allerdings auf einer Seite schläft, wird auf dieser Seite natürlich der Brustkorb eingedrückt und die Bewegungsfreiheit eingeschränkt. Wenn man Nacht für Nacht sieben oder acht Stunden lang so liegt, ist es wenig verwunderlich, wenn sich diese einseitige Bewegungseinschränkung im Laufe der Zeit auch in der Haltung niederschlägt, die man im Wachzustand einnimmt.

Und wie sollten wir nun tatsächlich schlafen, nachdem wir all das wissen? Vielleicht ist es am besten, wenn Sie ein bisschen herumexperimentieren, ausgehend von Ihrer individuellen Situation herausfinden, was sich am besten anfühlt und wie Sie eventuelle Atemprobleme, die Sie haben, kompensieren oder möglicherweise sogar korrigieren können. Dabei sollte Ihnen bewusst sein, dass Ihre Schlafstellung auch mit Ihrer geistigen und emotionalen Gesundheit sowie mit allen alten Traumata zusammenhängt, die Ihren Körper oder Ihr Nervensystem vielleicht noch heute belasten. Wenn Sie sich etwa unsicher fühlen, tut es Ihnen eventuell wohler, auf dem Bauch zu liegen, weil dies Ihnen ein Gefühl von Geborgenheit gibt, während Sie sich auf dem Rücken vielleicht sehr verwundbar und ausgesetzt fühlen. Und dann kann es durchaus sein, dass sich Ihre Schlafposition in dem Maße, in dem Sie anfangen, umfassender und natürlicher zu atmen, ganz von selbst verändert.

Sitzhaltungen – ein Experiment

Ganz unabhängig von den jeweiligen Ursachen wird unser Atemgeschehen durch die falschen Stellungen und Körperhaltungen, die wir im Alltag gewohnheitsmäßig einnehmen, erheblich in Mitleidenschaft gezogen. Wenn Sie dies konkret spüren möchten, setzen Sie sich jetzt auf einen Stuhl und beugen Kopf, Schultern und Brustkorb so vor, wie Sie es etwa tun, wenn Sie am Schreibtisch arbeiten. Um tatsächlich einen Eindruck davon zu gewinnen, wie sich diese Haltung auswirkt, dürfen Sie sie ruhig ein bisschen übertreiben (siehe Abbildung 1.4). Beobachten Sie nun einen Moment lang, wie Sie atmen. Sie werden bemerken, dass und wie diese »zusammengesun-

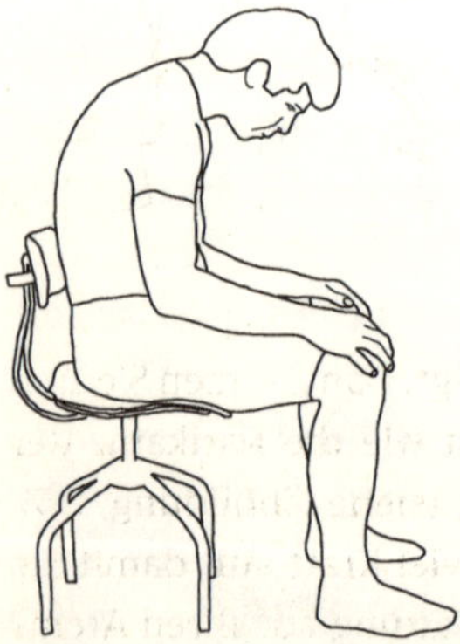

Abbildung 1.4
Zusammengesunkene Sitzhaltung

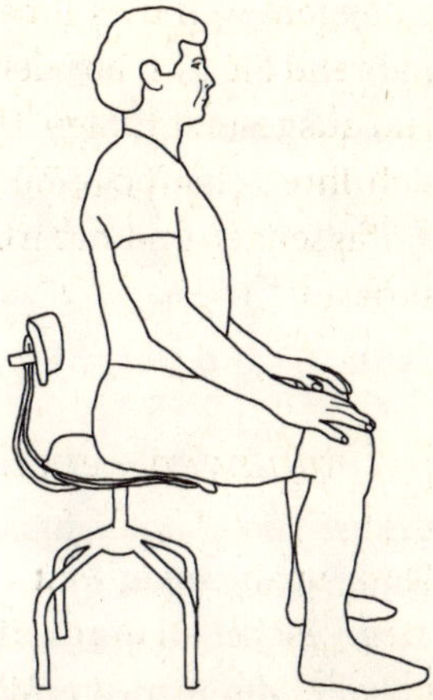

Abbildung 1.5
Klassische militärische Sitzhaltung

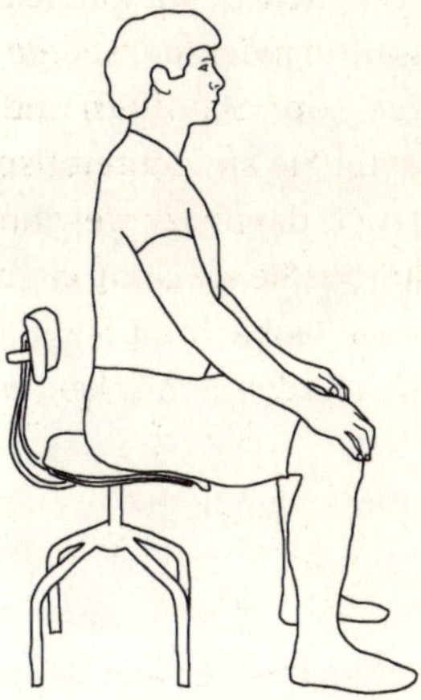

Abbildung 1.6
Ausgewogene Sitzhaltung

kene« Haltung Ihren Atem beeinträchtigt. Dann setzen Sie sich aufrecht und werfen sich in die Brust wie die Karikatur der klassischen militärischen Sitzhaltung (siehe Abbildung 1.5), wenden Sie dafür aber bitte nicht zu viel Kraft auf, damit Sie sich nicht weh tun). Wie wirkt diese Haltung auf Ihren Atem?

Schließlich rutschen Sie so lange auf Ihren Sitzknochen vor und zurück, bis Sie bei geradem Kreuz eine ausgewogene Haltung gefunden haben, in der Sie weder nach vorn noch nach hinten oder zur Seite gebeugt dasitzen (siehe Abbildung 1.6).

Beobachten Sie Ihre gewöhnlichen Körperhaltungen

Um tiefer in diese bedeutende Dimension Ihres Atems eindringen zu können, müssen Sie damit beginnen, die verschiedenen Stellungen und Haltungen zu beobachten, die Sie im Alltag gewöhnlich einnehmen. Registrieren Sie genau, welche Körperhaltung sich einstellt, wenn Sie traurig oder glücklich sind, wenn Sie sich langweilen, zornig oder besorgt sind, wenn Sie trauern oder aufgeregt sind und so weiter, und bemerken Sie auch, wie sich das jeweils auf Ihren Atem auswirkt. Achten Sie darauf, wie Sie am Schreibtisch sitzen oder fernsehen, sich mit Freunden unterhalten oder wie Sie sich bei beliebigen anderen Aktivitäten halten. Und versuchen Sie dann herauszukriegen, welchen Einfluss die jeweiligen Körperhaltungen auf Ihre Atmung haben.

Wenn Sie dies ganz bewusst tun, werden Sie allmählich unterschiedliche, oft nur ganz subtile Beeinträchtigungen des Atems entdecken, die mit Ihrer Körperhaltung zusammenhängen. Dann können Sie ein wenig mit neuen, besseren Haltungen experimentieren, die ganz von allein dafür sorgen werden, dass der Atem Ihren Körper auf neuartige Weise viel umfassender berührt. Das Ziel der haltungsorientierten Übungen besteht natürlich nicht allein darin, Ihren Atem zu harmonisieren und ein freieres, lebendigeres Atemgeschehen zu ermöglichen (obwohl dies durchaus beabsichtigt sein kann), sondern es geht auch darum, dass Sie ein Gefühl dafür bekommen, wie es ist, wenn ein bestimmter Körperteil in den Atemprozess integriert wird. Hat man etwas erst einmal mit vollem Bewusstsein erfahren, fällt es einem später leichter, es auch unter anderen Bedingungen wieder zu erleben.

An dieser Stelle können natürlich die stationären Übungen aus dem Yoga hilfreich sein, ebenso die grundlegende Übung im Stehen aus dem Qi Gong (siehe Anhang B: Bewusstes Stehen).

Seitenbeugen zur Öffnung des Brustkorbs

Eine gesunde Atmung beinhaltet auch, dass man lernt, alle Atemräume des Körpers – Bauch, Rippen, Brustkorb und Rücken – auf koordinierte, harmonische Weise zu aktivieren. Aufgrund der übermäßigen Stressbelastungen und Spannungen, die das Leben heute mit sich bringt, sind sich ihrer jedoch die wenigsten von uns bewusst. Deshalb besteht der erste Schritt darin, dieser Räume gewahr zu werden – sowohl, wenn sie hart und angespannt sind, als auch wenn sie sich mehr geöffnet haben.

Setzen oder stellen Sie sich jetzt einmal hin und spüren Ihre Flanken. Wie fühlen sie sich beim Atmen an? Lassen Sie uns einen Moment lang annehmen, dass Sie, wie es bei vielen Menschen der Fall ist, das Empfinden haben, Ihr Brustkorb sei auf einer oder auf beiden Seiten verspannt. Sowie Sie das festgestellt haben, können Sie gezielt daran arbeiten, indem Sie einfache Übungen machen wie zum Beispiel Seitenbeugen.

Machen Sie jetzt noch ein Experiment. Im Sitzen oder Stehen beugen Sie den Oberkörper sanft zur Seite und atmen in dieser Haltung einige Minuten lang ganz natürlich ein und aus (siehe Abbildung 1.7). Achten Sie darauf, dass sich die Hüfte nicht mit bewegt, und versuchen Sie nicht, irgendetwas an Ihrem Atem zu verändern. Lassen Sie einfach zu, dass sich Ihr

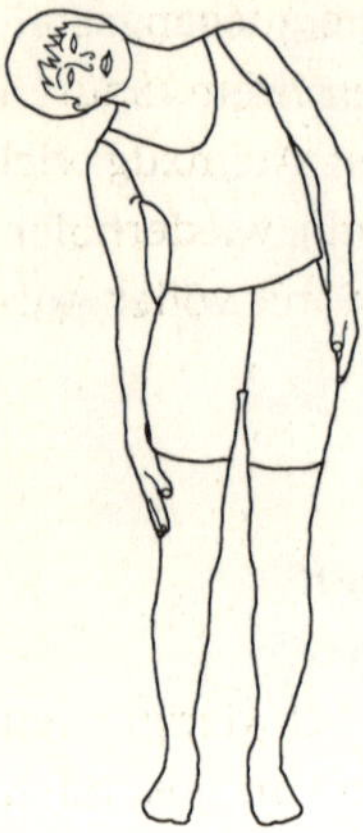

Abbildung 1.7
Brustkorb zur Seite beugen

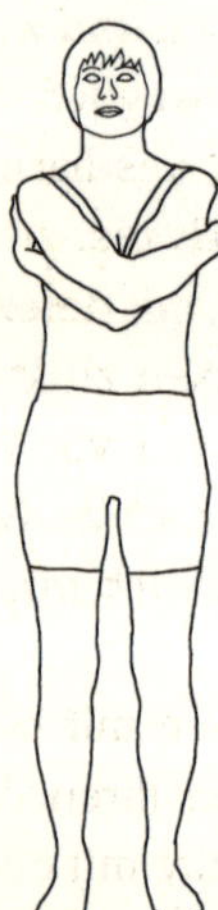

Abbildung 1.8
Sich umarmen und in den Rücken atmen

Brustkorb an der Seite öffnet, zu der Sie sich nicht beugen, und gestatten Sie Ihrem Atem, sich in diesem Bereich auszubreiten. Kehren Sie nach einigen Minuten in eine aufrechte Position zurück und nehmen Sie wahr, wie sich Ihr Atem verändert hat. Wiederholen Sie die Übung dann zur anderen Seite. Kehren Sie nach einigen Augenblicken in die Ausgangsstellung zurück und registrieren wiederum Ihren Atem. Spüren Sie, dass sich Ihr Brustkorb jetzt bei jedem Atemzug viel müheloser bewegt? Sollte dies nicht der Fall sein, wiederholen Sie die Übung. Gehen Sie stets sehr sanft und mit voller Aufmerksamkeit zu Werke.

Sich umarmen und in den Rücken atmen

Ein Atemraum, mit dem die meisten von uns Schwierigkeiten haben, ist der Rücken. Dabei ist der Rücken im gesunden Atemprozess von enormer Bedeutung, unter anderem deshalb, weil sich die Lunge nicht optimal ausdehnen und wieder zusammenziehen kann, wenn er hart und unbeweglich ist. In einem Workshop, den ich mit dem Wegbereiter des harmonischen Sprechgesangs, *harmonic chant*, David Hykes, zusammen abhielt, stellte ich eine einfache Übung vor, mit deren Hilfe man erspüren kann, wie es ist, mit dem Rücken zu atmen. Am Ende kam einer der Teilnehmer zu mir, er war von Beruf Sänger, um seiner Verwunderung darüber Ausdruck zu verleihen, dass er nie zuvor bemerkt hatte, dass man auch mit dem Rücken atmen kann. Hier ist die Übung.

Setzen oder stellen Sie sich hin und umfassen mit beiden Armen Ihren Brustkorb (siehe Abbildung 1.8). Berühren Sie Ihr linkes Schulterblatt mit der rechten und das rechte mit der linken Hand. Wenn Sie nicht bis ganz zur Wirbelsäule kommen, ist es nicht so schlimm. Greifen Sie einfach so weit Sie kommen. Atmen Sie jetzt in dieser Haltung ganz normal ein und aus. Sie werden bemerken, dass der äußere Druck, den Sie auf Ihre Brust ausüben, den Atem in diesem Bereich behindert, was automatisch dazu führt, dass Sie in Ihren Rücken atmen. Atmen Sie in dieser Haltung mindestens neunmal ein und aus und nehmen dabei genau wahr, wie sich Ihr Rücken öffnet und bewegt. Dann lassen Sie Ihre Hände an die Seite oder in den Schoß gleiten und achten darauf, wie sich Ihr Rücken anfühlt. Spüren Sie, dass er jetzt von jedem Atemzug mehr berührt wird?

Berührungsgestütztes Atmen

Die wenigsten Menschen sind sich darüber im Klaren, dass die Haut unser größtes Organsystem ist, etwa sechzehn bis achtzehn Prozent des Körpergewichts ausmacht und über mehr als anderthalb Millionen Sinnesfasern verfügt, die mit der Wirbelsäule verbunden sind. Vielen ist ihre Haut nur unzureichend oder mangelhaft bewusst. Dieses unvollkommene Bewusstsein, gespeist von unterschwelligen Spannungen in unseren Muskeln, Faszien, Bändern und Sehnen, verengt das umfassende energetische Sensorium unserer selbst und beeinträchtigt das gesamte Funktionieren unseres Organismus, den Atem eingeschlossen.

Beim berührungsgestützten Atmen bedienen wir uns ganz unterschiedlicher Berührungen, um die Sinnesfasern in der Haut sowie in den Partien unmittelbar unter der Hautoberfläche zu wecken und auf sie einzuwirken. Dieses energetische Erwecken unserer Haut und der Gewebe und Knochen unmittelbar unter ihrer Oberfläche kann einen starken Einfluss auf den Atem haben, weil es die zugrunde liegenden Spannungen zu lösen und abzubauen vermag. Darüber hinaus können die Berührungen als solche die Atembewegung anziehen. Wir können uns bei dieser Arbeit sanft berühren, die Haut reiben, leicht an ihr zupfen, sie klopfen und Druck auf sie ausüben. Wie wir noch sehen werden, hat jede dieser verschiedenen Berührungen einen etwas anderen Einfluss auf unsere Atmung[21].

Sanfte Berührungen

Sanfte Berührungen können, besonders, wenn sie mit warmen Händen ausgeführt werden, eine Körpergegend mit Energie und Empfindungsvermögen versorgen, das Gewebe sensibilisieren und weich machen und die Atembewegungen in die Partie richten, die gerade berührt wird. Die Bewegungen unseres Atems breiten sich immer gern in Körperteile aus, in denen Behaglichkeit, Entspannung und Wärme herrschen.

Reiben und Massieren

Reiben und Massieren der Haut kann helfen, verspannte Muskeln, Faszien oder auch anderes Gewebe zu lockern und damit dazu beitragen, dass das Gewebe besser auf die Atembewegung reagieren kann. Wenn wir uns den Bauch massieren, kann er alle Spannungen loslassen und sich sodann mit jedem Ein- und Ausatmen mehr ausdehnen und wieder zusammenziehen.

Zupfen

Wenn wir an der Haut zupfen, kann das einen unmittelbaren und sehr starken Einfluss auf unsere Atemtätigkeit haben. Bei dieser Übung nehmen Sie am Brustkorb (besonders weiter unten und an den Seiten) oder am Rücken ein Stückchen Haut und das darunter liegende Gewebe zwischen den Daumen und die Finger einer Hand und zupfen es eine Weile vom Körper weg. Das können Sie entweder einige komplette Atemzüge lang tun, oder aber Sie zupfen beim Einatmen an der Haut und lassen sie beim Ausatmen langsam wieder los. Das Ergebnis fühlt sich fast so an, als zöge man eine Hose aus, die in der Taille spannt. Auf diese Weise bekommt Ihr Körper mehr Raum zum Atmen, was wiederum den Atem anregt, in der berührten Partie tiefer und umfassender zu werden.

Klopfen

Eine einfache Technik, die sich unter vielerlei Umständen anwenden lässt, ist das Klopfen. Indem Sie Ihre Haut (und das darunter liegende Gewebe) sanft mit den Fingerspitzen klopfen, während Sie Ihren Atem bewusst erleben, stimulieren Sie die Nerven in der betreffenden Körperpartie und erzeugen rhythmische Vibrationen, die sich durch die Muskeln fortbewegen und helfen, unnötige Spannungen zu lösen. Damit lassen sich auch Atemblockaden beseitigen. Man muss nur darauf achten, dass man Körperpartien, die in ihrer Beweglichkeit eingeschränkt sind, nicht zu stark klopft, aber auch nicht zu schwach. Man kann sich auch größere Brust-, Rippen- und Rückenbereiche vornehmen und sie systematisch klopfen. Damit löst man Spannungen in den betreffenden Körperbereichen und trägt dazu bei, den Atem zu befreien.

Druck

Unter den berührungsgestützten Atemübungen ist Druckausübung vielleicht die wirksamste. Sie kann die Elastizität des Brustkorbs wunderbar verbessern und ihm dadurch zu erheblich größerer Beweglichkeit verhelfen; zudem optimiert sie die Bewegungen des Zwerchfells. Es gibt eine Vielzahl von Drucktechniken. Bei einer von ihnen üben Sie zum Beispiel mit den Fingerspitzen leichten Druck auf einen bestimmten Bereich des

Brustkorbs, Brustbeins oder Rückens aus (etwa direkt auf eine Rippe oder auf die Zwischenrippenmuskulatur). Bei anderen Techniken wenden Sie mit der ganzen Hand Druck an. Am Anfang ist es in der Regel am besten, wenn Sie immer nur einen Bereich bearbeiten, beim Ausatmen leichten Druck ausüben und ihn beim Einatmen allmählich reduzieren. Auch ist es wichtig, diese Übung nicht zu lang zu machen, um zu verhindern, dass Ihre Atmung ins Ungleichgewicht gerät. Es gibt natürlich auch noch andere Drucktechniken, die von erfahrenen Atemtherapeuten oder -lehrern angewendet werden können[22].

Die folgende Übung, die ich schon seit Jahren lehre, kombiniert viele der Techniken, die bisher diskutiert wurden. Unterschätzen Sie Ihre Bedeutung nicht. Sie ist extrem wirkungsvoll.

Bauchatmung

Vor der Geburt wurden wir von unserer Mutter über die Nabelschnur mit Sauerstoff und den lebensnotwendigen Nährstoffen versorgt. In vielen Kulturen gilt der Bereich in der Körpermitte unterhalb des Nabels als ein heiliges Energiezentrum. Der Bauch gehört zu den Körperpartien, die sich am ehesten verhärten und verspannen, wenn wir unter Stress stehen. Und dies zieht in hohem Maße auch die inneren Organe, unsere Energie, die Gesundheit und unser ganzes Gefühl für uns selbst in Mitleidenschaft. Zudem beeinträchtigt es erheblich die Atemtätigkeit.

Eine gesunde Zwerchfellatmung hängt in höchstem Maße von der Fähigkeit des Bauches ab, sich mit jedem Atemzug auszudehnen und wieder zusammenzuziehen. Das Maß, in dem sich der Bauch mit jedem Atemzug frei und leicht bewegen kann, spiegelt in der Regel wider, wie frei und natürlich der Atem in uns fließt. Auch reflektiert es im Allgemeinen das Ausmaß, in dem wir im Leben empfänglich und spontan sein können. Wenn die Bauchatmung auf irgendeine Weise blockiert oder gestört ist, so die Atemtherapeutin Magda Proskauer, »ist auch das Innenleben durcheinander; man ist getrieben, wenig aufnahmefähig und lebt allzu vorsätzlich.«[23]

Bei dieser Übung wenden Sie die Bauchatmung an, um Ihren Bauch zu öffnen und es dem Zwerchfell zu ermöglichen, beim Einatmen tiefer hinabzusinken und beim Ausatmen höher aufsteigen zu können, was wohltuenden Druck auf die Lunge ausübt und das Herz stärkt. Die Übung wirkt sich in vielerlei Hinsicht positiv auf die Atemtätigkeit aus.

Legen Sie sich bequem auf den Rücken – im Bett, auf einer Matte oder auf dem Teppich. Winkeln Sie die Beine (Knie nach oben) an und stellen die Füße flach auf den Boden. Richten Sie Ihre ganze Aufmerksamkeit ein, zwei Minuten lang auf Ihren Atem. Vielleicht können Sie spüren, welche Bereiche Ihres Körpers von Ihrem Atem berührt werden.

Folgen Sie weiterhin Ihrem Atem, während Sie sich die Hände reiben, bis sie sehr warm sind. Nach etwa einer Minute legen Sie beide Hände (übereinander) auf den Bauch. Die Mitte der unteren Handfläche berührt den Nabel (siehe Abbildung 1.9). Beobachten Sie, wie Ihr Atem reagiert. Vielleicht nehmen Sie wahr, dass sich Ihr Bauch ausdehnen möchte, wenn Sie einatmen, und beim Ausatmen wieder zurücksinken. Lassen Sie es geschehen, aber erzwingen Sie nichts.

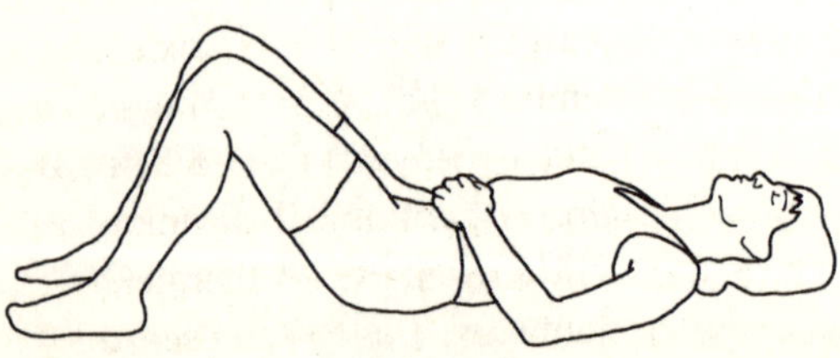

Abbildung 1.9
Bauchatmung

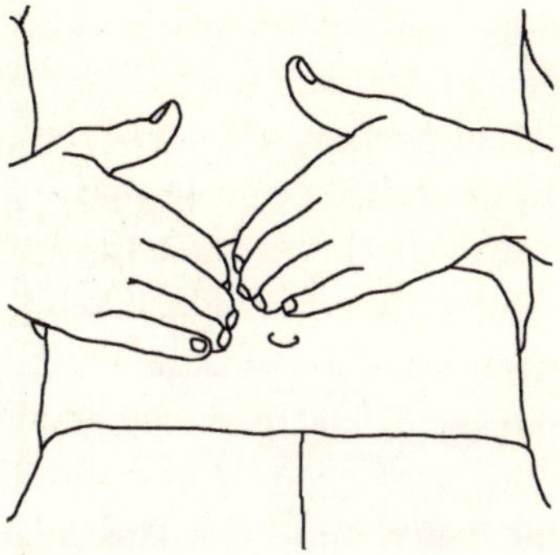

Abbildung 1.10
Massage der Nabelgegend

Legen Sie sich vor allem nichts, auch kein Buch, auf den Bauch, wie es manchmal empfohlen wird. Wenn Sie nämlich ein Objekt auf dem Bauch liegen haben, werden Sie eher dazu neigen, mit Willenskraft und Aggressivität an diese Übung heranzugehen, wobei Ihnen viele der Vorteile entgehen, die es mit sich bringt, wenn Sie Ihre warmen, energetisierten Hände einsetzen, um Ihren Atem buchstäblich in Ihren Bauch zu ziehen. Ihr Atem bewegt sich gern dahin, wo es warm und wohlig ist, und genau diesen Effekt erreichen Sie, wenn Sie die Hände nehmen.

Wenn Sie Ihren Bauch als verspannt erleben, reiben Sie sich aufs Neue die Hände, bis sie wieder warm sind, und massieren ihn dann mit den Fingerspitzen in kleinen kreisförmigen Bewegungen, besonders den äußeren Rand des Nabels (siehe Abbildung 1.10). Spüren Sie, wie Ihr Bauch weicher wird und sich entspannt.

Nachdem Sie sich die Hände wieder warm gerieben haben, klopfen Sie die Gegend rund um den Nabel (nicht aber die Kuhle selbst) sanft mit den Fingerspitzen. Spüren Sie, wie Ihr Atem durch das Klopfen in den Bauch gezogen wird.

Reiben Sie sich die Hände, bis sie wieder warm sind, und legen Sie sie ein weiteres Mal auf Ihren Bauch. Nehmen Sie wahr, wie dies Ihren Atem beeinflusst. Versuchen Sie *nichts zu tun.* Spüren und genießen Sie einfach, wie Ihr Bauch zum Leben erwacht, sich ausdehnt, wenn Sie einatmen, und sich zurückzieht, wenn Sie ausatmen.

Wenn sich Ihr Bauch auch nach einigen Minuten noch verspannt anfühlt und sich beim Atmen nicht bewegen möchte, üben Sie beim Ausatmen mit den Händen leichten Druck auf ihn aus. Beim Einatmen nehmen Sie den Druck allmählich zurück. Versuchen Sie es mehrmals. Nehmen Sie wahr, dass sich Ihr Bauch nun beim Einatmen mehr öffnet und sich senkt, wenn Sie ausatmen.

Wenn Sie bereit sind, die Übung zu beenden, vergessen Sie nicht, Ihre gesamte untere Körperregion bewusst wahrzunehmen. Achten Sie dabei besonders auf jede spezielle Empfindung von Wärme, Wohligkeit und Energie. Lassen Sie diese Empfindungen sich ein paar Minuten lang in alle Zellen Ihres Bauchs bis hinab zur Wirbelsäule ausbreiten.

Diese einfache Übung wird sich höchst wohltuend auf Ihre Atmung auswirken, vor allem, wenn Sie sie regelmäßig durchführen. Sie dürfen sie Tag und Nacht machen, jederzeit. Obwohl es im Liegen am leichtesten geht, können Sie diese Übung genauso gut im Sitzen, Stehen oder beim Gehen durchführen. Versuchen Sie sie doch einmal am Morgen im Bett vor dem Aufstehen. Sie wirkt auch ganz ausgezeichnet, wenn Sie unruhig oder angespannt sind, denn sie hilft Ihnen, sich zu entspannen und die Energien zu zentrieren. Nach und nach wird diese Übung die Tätigkeit Ihres Zwerchfells verbessern und Ihren Atem vollständiger und natürlicher machen. Und sie wird Ihnen, was vielleicht genauso wichtig ist, inmitten all der Anforderungen und Belastungen des Lebens ein immer besseres Gefühl für Ihre ganz eigene innere Geräumigkeit vermitteln.

Lautgestützes Atmen

Am Anfang war der Laut – das schöpferische Wort Gottes, die enormen Schallwellen des Urknalls, der Leben spendende Schrei des Neugeborenen beim ersten Atemzug. Die Laute, die wir mit dem Stimmapparat hervorbringen, gehen mit den Wellen unseres Atems auf die Reise und tragen zur Harmonie oder Disharmonie unseres Wesens, unserer Wahrnehmungen, unseres ganzen Lebens bei. Sie prägen auch die Art und Weise, in der wir atmen.

Wenn wir langgezogene Laute hervorbringen, so hat dies aber nicht nur gewaltige Auswirkungen auf das Atemgeschehen, sondern auch auf die ganze Gesundheit und unser Wohlbefinden. Die meisten Töne, die wir von uns geben, entstehen unter Einbeziehung der Stimmbänder und beim Ausatmen. Singen, Summen, Sprechgesang, Stöhnen, Seufzen, lautes Zählen[24] und so weiter beeinflusst den Atem (je nach der Art der Laute und der individuellen Atemgewohnheiten) auf ganz spezifische Weise. Auf lange Sicht kann die Arbeit mit langgezogenen oder am Stück wiederholten Lauten das Zwerchfell »tonisieren« und stärken, seine Beweglichkeit beim Ausatmen nach oben und beim Einatmen nach unten vergrößern. Die Laut-Arbeit hilft auch, unsere häufig unbewussten Emotionen tatsächlich zu empfinden, ihnen auf gesunde Weise Ausdruck zu verleihen und jegliche Negativität auf ungefährliche und schöpferische Weise freizusetzen.

Jeder Laut, den wir hervorbringen, hat seine ganz spezifischen energetischen Eigenschaften, Harmonien und Beiklänge, die, je nach unserem individuellen Hintergrund und anderen Faktoren Körper, Geist und Seele auf ganz spezielle Weise berühren. Beim Singen, Summen, Sprechgesang, Reden und so weiter vibrieren die Töne und ihre Oberwellen durch das umgebende Gewebe, durch die Knochen, Körperflüssigkeiten, Energiezentren und -kanäle, sie berühren und beeinflussen sie.

Die Laute, die wir von uns geben, entstammen aber nicht allein dem Stimmapparat, sondern auch der Resonanz der verschiedenen Atemräume und -kammern im Körper, wie Bauch, Rücken und Brustkorb. Zahlreiche neuere Forschungsergebnisse zeigen, dass Singen, Sprechgesang und die anderen Formen der bewussten Tongebung helfen können, Blutdruck, Herzfrequenz und die Menge der Stresshormone im Blut zu senken und sich auch auf die Versorgung der Zellen mit Sauerstoff und den Lymphfluss positiv auswirken.[25] Einige dieser Einflüsse gehen offensichtlich auf die stattfindende Veränderung des Atemgeschehens zurück, andere sind das Ergebnis der entstehenden Schwingungen, die auf die inneren Organe, das Gehirn und das Nervensystem einwirken. So wird zum Beispiel beim Summen offenbar die rechte (mehr intuitive) Gehirnhälfte aktiviert, was entspannend wirkt, während beim Sprechen mehr die linke (abstraktere) Hemisphäre am Werk ist. Und tatsächlich erhöht Sprechen oft den Blutdruck, während Zuhören ihn im Allgemeinen senkt.[26] Wissenschaftliche Forschungsergebnisse deuten zudem darauf hin, dass Summen bei einigen Erkrankungen wie Nasennebenhöhlenentzündungen oder Irritationen des oberen Atemapparates helfen kann.[27]

Sprechgesang, Vokale und Lauschen

In allen größeren spirituellen Traditionen der Welt findet sich eine Art Sprechgesang – das Singen oder Intonieren besonderer Klänge, Worte, Mantras oder Gebete – zur Erbauung, Heilung oder Wandlung. Die Gebete und Mantras werden dabei oft auf einen Atemzug intoniert, was unter anderem den Nutzen hat, dass es langfristig das Ausatmen verlängert, Kraft und Beweglichkeit des Zwerchfells verbessert und das Atemvolumen vergrößert.

Zwar wird es selten so aufgefasst, aber das Vaterunser ist ein gutes Beispiel für ein Gebet, das man auf einen Atemzug aufsagen kann. Wenn es laut auf einen Atemzug gebetet wird, heißt es, so habe dies eine ganz andere physiologische und spirituelle Wirkung auf uns als wenn es durch Atemholen unterbrochen wird.[28] Ein gutes Beispiel für ein Mantra, das auf einen Atemzug gesprochen wird, ist der heilige Laut OM. Sowohl die alten Schriften aus dem tantrischen Buddhismus als auch die Upanischaden sprechen von der Macht des gechanteten OM, uns zu erleuchten und vom Karma zu befreien. In diesen Traditionen heißt es, wir könnten uns als Teil der kosmischen Symphonie empfinden, wenn wir OM chanten und uns auf die Schwingungen des reinen Seins einstimmen.

Die Arbeit mit heiligen oder anderen Lauten hat viel mit Meditation zu tun, besonders im Hinblick auf das Bestreben, den Schwingungen und Harmonien der Töne zu lauschen, die sowohl in uns als auch außerhalb unserer selbst nachhallen.[29] Eine solche Arbeit beruhigt und harmonisiert die Atmung und hat auch beruhigende Wirkung auf Gehirn und Nervensystem. Sie vermittelt uns auf den verschiedenen Ebenen unseres Wesens auch neue, umfassendere Wahrnehmungen und Erfahrungen dessen, was oder wer wir sind. Sogar grenzenlose, verändernde Gefühle von Freude und Glück vermag uns eine solche Arbeit zu schenken.

Der Summende Atem

Und jetzt üben Sie den »Summenden Atem«, wie ich ihn nenne.[30] Setzen oder stellen Sie sich aufrecht und entspannt hin. Während Sie ein oder zwei Minuten lang ruhig Ihrem Atem lauschen, sind Gesicht, Zunge und Kehle ganz entspannt. Sie atmen durch die Nase ein und auf HHMM aus, wobei Sie dem Laut und der Wirkung, die er auf Sie hat, sowohl mit dem Körper als auch mit den Ohren lauschen. An welchen Stellen nehmen Sie die Schwingungen wahr? Spüren Sie den Ton im Kopf, im Gesicht, im Mund und in der Kehle? Wo sonst noch? Solange Sie noch experimentieren, spielt die Tonhöhe keine Rolle, es geht nur darum, dass Sie weder Atem noch Laut irgendwie zu erzwingen versuchen. Mit anderen Worten: Strengen Sie sich nicht an, entscheiden Sie sich für eine Tonhöhe, die Ihnen angenehm ist. Gegen Ende (wenn Ihnen nur noch etwa zehn Prozent Luft zur Verfügung stehen) hören Sie auf zu summen und atmen ohne Ton fertig aus. Dann lassen Sie die Luft ganz von selbst wieder einströmen. Sie atmen leicht und unangestrengt ein. Summen Sie auf diese Weise mehrere Atemzüge lang.

Dann atmen Sie einige Male durch die Nase ein und aus, ohne einen Laut von sich zu geben. Spüren Sie Ihren Bauch. Dehnt er sich beim Einatmen aus oder möchte es, senkt er sich oder möchte es, wenn Sie ausatmen? Beginnen Sie dann wieder zu summen. Bleiben Sie dabei in Kontakt mit Ihrem Bauch. Sie werden spüren, dass es ihn beim Summen nach innen zieht. Wenn er sich ausdehnt, bevor Sie mit dem Ton, den Sie beim Ausatmen hervorbringen, fertig sind, haben Sie zu lange ausgeatmet.[31] Während Sie noch einige summende Atemzüge nehmen, bleiben Sie sich Ihres Bauches bewusst und lauschen voller Aufmerksamkeit auf die Qualität und Gleichmäßigkeit des Tons. Sie werden feststellen, dass der Ton zu einem großen Teil davon abhängt, dass sich Ihr Bauch beim Ausatmen immer gleichmäßig weiter nach innen, auf die Wirbelsäule zu, bewegt. Nehmen Sie auch wahr, was mit Ihrem Bauch geschieht, wenn sich der Atem am Ende des Tons von selbst wieder einstellt. Sie werden vermutlich bemerken, dass er sich dann bedeutend weiter vorstreckt als sonst. Achten Sie auf alles, was Ihr jetziges Einatmen vom früheren unterscheidet. Vielleicht überrascht es Sie, um wie viel größer Ihr Atemvolumen jetzt geworden ist – scheinbar ganz von allein.

Nehmen Sie wieder einige stumme Atemzüge, jetzt mit dem Empfinden, weiche Seidenfäden durch die Nase ein- und auszuatmen. Sowie Ihr Atem sehr langsam und ruhig kommt, beginnen Sie beim Ausatmen wieder zu summen. Versuchen Sie diesmal, die Tonhöhe von Atemzug zu Atemzug zu verändern – ohne sich jedoch irgendwie anzustrengen. Nach einigen Versuchen mit verschiedenen Atemhöhen und wenn Ihr Ton konstant und gleichmäßig vibriert, dürfen Sie anfangen, mit verschiedenen Vokalen – a, o, e und so weiter – zu experimentieren. Achten Sie darauf, dass Sie dabei stets Ihren Bauch wahrnehmen. Sie können auf diese Weise weiterarbeiten, verschiedene Tonhöhen und Vokale ausprobieren, solange Sie mögen, wenn Sie mit dem Ton nur jeweils aufhören, bevor Ihnen der Atem ausgeht. Beobachten Sie, wie sich die verschiedenen Laute, die Sie hervorbringen, auf Atem, Körper, Gefühle und Emotionen auswirken. Achten Sie bitte bei jedem Ton, ob gesummt oder auf einen Vokal, darauf, ob Sie auch die Harmonien hören können, die entstehen, die subtileren Töne ober- oder unterhalb des Haupt- oder Grundtons.

Wenn Sie aufhören möchten, verweilen Sie noch einige Minuten lang in Ruhe und hören, was in Ihnen und außerhalb geschieht, während Sie durch die Nase ein- und ausatmen. Lauschen Sie auf Ihren Atem, der sich allmählich wieder einpendelt. Nehmen Sie wahr, wie viel mehr Teile Ihres Körpers jetzt in den Atemprozess einbezogen sind. Wie fühlen Sie sich? Sind Sie entspannter als zuvor? Ruhiger? Lauschen Sie einfach und verschaffen sich einen Eindruck von sich als atmendem Wesen.

Im dritten und vierten Kapitel werden Sie Gelegenheit haben, weitere lautorientierte Übungen kennen zu lernen.

Zweites Kapitel

Die Atemräume des Körpers öffnen

Überblick

Wenn wir uns selbst als atmendem Wesen näher kommen, entdecken wir, dass die inneren Eindrücke von unserem Atem und uns selbst verschiedenartige Dichte haben und auf verschiedenem Niveau sind. Wir unterscheiden zum Beispiel feste, erdartige Eindrücke, flüssige, wasserartige und schließlich gasförmige, luftähnliche. Wir erleben das dichte, wie zusammengezogene Schmerzempfinden, die flüssige Wahrnehmung von Wohligkeit und Vergnügen oder auch das sich ausdehnende Empfinden von Freude, Liebe und hoher Wertschätzung. Auch die geräumige, offene Wahrnehmung innerer Freiheit können wir erleben – einer Freiheit von den chronischen Spannungen und Blockierungen unseres Selbstbildes, die sich in unseren Muskeln, Knochen und im Gewebe niederschlagen. In diesem Zustand beginnen wir unseren Atem und die Empfindung unserer selbst als transparent und unbegrenzt zu erleben.

Auf dem Weg zur Befreiung des Atems ist es einer der ersten Schritte, dass wir lernen, ihm durch das Tor unserer Wahrnehmung in die verschiedenen Atemräume des Körpers zu folgen. Dies wird uns helfen, die zahlreichen unnötigen Spannungen und Verengungen dort zu bemerken und zu lösen. Und dann werden wir stets gesund und der jeweiligen Situation entsprechend angemessen atmen können. Außerdem hilft es uns, eine Menge Energie zu sparen.[1]

Dem Atem durch die Wahrnehmung hindurch folgen zu lernen ist keine leichte Aufgabe. Nur wenige von uns sind sich des wundersamen Tempels von Bewegung, Empfindung, Gefühl und Energie, den wir Körper nennen, umfassend und intim bewusst. Oft nehmen wir unsere inneren muskulären Spannungen – häufig Folgeerscheinungen von Emotionen wie Angst, Unruhe, Zorn, Arroganz, Trauer und so weiter – erst wahr, wenn sie unsere Energie und somit auch Gesundheit und Wohlbefinden bereits erheblich eingeschränkt haben. Mit jedem Atemzug haben wir jedoch aufs Neue die Gelegenheit, eine Reise in unseren Körper zu unternehmen und mit Hilfe des feinen Instruments der Organwahrnehmung eine neue, bewusstere Beziehung zu uns selbst aufzubauen.

Die folgende Übungsreihe ist eine Erweiterung der Arbeit, die Sie im ersten Kapitel begonnen haben, und wird Ihnen dabei helfen, Ihre inneren Atemräume zu erfahren und zu öffnen. Die Übungen, die ich Ihnen gleich vorstelle, bedienen sich in verschiedenen Kombinationen aller Ansätze, die wir bisher erörtert haben: bewusstes Atmen, Atemsteuerung, konzentriertes Atmen, berührungsgestütztes Atmen, bewegungsgestütztes Atmen, haltungsgestütztes Atmen und lautgestütztes Atmen. Es kann nicht schaden, wenn Sie sich bei jeder Übung darüber klar zu werden versuchen, in welche dieser sieben Kategorien sie einzuordnen ist. Sobald dann die Zeit gekommen ist, dass Sie sich selbst Übungen ausdenken, um Ihre Erkundungen zu vertiefen, werden Sie es zu schätzen wissen.

Zwar konzentrieren sich die Übungen alle auf einen bestimmten Körperteil, aber darüber dürfen Sie nicht vergessen, dass Ihr Körper – man mag sich darüber freuen oder nicht – immer als Ganzes funktioniert. So wirkt sich zum Beispiel eine Übung, bei der der Bereich der Lendenwirbelsäule im Mittelpunkt steht, auch auf Hüften, Unterleib, Brustkorb, den oberen Rücken, Nacken und vieles mehr aus. Es ist deshalb sehr wichtig, dass Sie mit voller Aufmerksamkeit vorgehen und sich nicht nur auf die Körperpartie konzentrieren, mit der Sie gerade arbeiten, sondern dass Sie auch auf Ihren Körper insgesamt achten. Indem Sie derart subtil Kontakt sowohl mit einem Teil als auch mit dem Ganzen halten, können Sie sich einen präzisen Eindruck von den unnötigen Spannungen und anderen Problemen im Körper verschaffen und geben Ihrem Gehirn und dem Nervensystem die beste Gelegenheit, neue, effektivere Funktionsweisen zu entdecken.

Nehmen Sie sich bei den Übungen genügend Zeit. Sie sollen nicht alle in einem Zug absolviert werden – jedenfalls nicht am Anfang. Arbeiten Sie langsam und mit voller Aufmerksamkeit jeweils dreißig bis sechzig Minuten lang. Wenn Sie sich mit den Übungen vertraut gemacht haben und nicht mehr im Buch nachschlagen müssen, können Sie sie alle auf einmal absolvieren. Dann können Sie zusätzlich auch mit anderen Bewegungen, Körperhaltungen und Techniken experimentieren und herausfinden, wie sie sich auf Ihren Atem auswirken. Von entscheidender Bedeutung ist es dabei, dass Sie alles, was geschieht, ganz genau wahrnehmen.

Ein einfaches Experiment mit unnötigen Spannungen

Über die negativen Einflüsse unnötiger Spannungen haben wir bereits gesprochen. Aber die meisten von uns sind sich der vielen unnötigen Spannungen sowie der Emotionen, die ihnen häufig zugrunde liegen, nicht bewusst. Wir haben uns so an sie gewöhnt, dass wir sie praktisch für selbstverständlich, normal und zu unserem Ich gehörig halten.

Um eine authentische Vorstellung von ihren Auswirkungen zu bekommen, legen Sie sich mit dem Rücken auf eine Matte, den Teppich oder ein hartes Bett, die Knie angezogen und die Füße flach auf der Unterlage. Wenn Sie in dieser Stellung Spannungen im Nacken verspüren, legen Sie sich ein Kissen unter den Kopf. Achten Sie darauf, dass Sie ausschließlich durch die Nase ein- und ausatmen. Reiben Sie sich einen Moment lang die Hände, damit sie warm werden, dann legen Sie sie sich übereinander auf den Bauch, wie in Abbildung 1.9 gezeigt. Während Sie sich sanft den Bauch massieren, beobachten Sie, wie sich Ihre Atembewegungen ganz natürlich in diesen Bereich ausbreiten. Vielleicht nehmen Sie wahr, wie sich Ihr Bauch beim Einatmen ausweitet und hebt und beim Ausatmen wieder zurücksinkt. Versuchen Sie keinerlei Einfluss auf Ihr Atemgeschehen zu nehmen. Genießen Sie es einfach ein paar Minuten lang. Bemerken Sie, wie weich, geschmeidig und ruhig Ihr Atmen wird, wenn er sich in den Bauch hinein ausbreitet.

Wenn Sie fertig sind, stehen Sie auf und stellen sich ganz normal hin. Achten Sie darauf, wie sich Ihr Atemgeschehen verändert, wenn Ihr Körper beginnt, wieder auf die Schwerkraft zu reagieren. Legen Sie sich die Hände auf den Bauch und stehen einfach einige Minuten lang da. Wie fühlt sich Ihr Atem jetzt an? Probieren Sie verschiedene Stellungen aus, spüren Sie, wie sie sich unterschiedlich auf die Spannungen im Körper auswirken. Sie können sich zum Beispiel an eine Wand lehnen und Ihren Atem beobachten. Spüren Sie ihn auf einer Seite mehr als auf der anderen? Experimentieren Sie ruhig noch ein wenig weiter. Nehmen Sie die Haltungen ein, die Sie jeweils mit Nervosität, Angst, Traurigkeit, Furcht, Arroganz und so weiter assoziieren, und achten darauf, was sie mit Ihrem Atem tun.

Dann spannen Sie erst die Arme, dann die Beine, den Bauch, den Rücken, den Nacken, das Gesicht an und lassen die Spannung wieder los, etwa ein bis zwei Minuten lang, und nehmen dabei wahr, was mit Ihrem Atem geschieht. Halten Sie die Spannung jeweils einige Atemzüge lang. Spüren Sie, dass Ihr Atem kleiner und enger wird, dass nur noch ein geringerer Teil Ihres Körpers von ihm berührt wird? Spüren Sie, dass Ihr Atem immer flacher wird und Sie immer höher in die Brust atmen? Dann lassen Sie die Spannung los und spüren danach wieder Ihrem Atem nach.

Denken Sie sich ruhig weitere Experimente aus, um zu erfahren, wie unnötige Spannungen das Atemgeschehen verändern. Wenn Sie wirklich lernen möchten, gesünder zu atmen, müssen Sie sich die Zeit nehmen, die Haltungen und Bewegungen Ihres Alltags intensiv zu beobachten, um herausfinden zu können, ob sie unnötige Spannungen hervorbringen, die Ihren Atem in Mitleidenschaft ziehen. Wir alle haben unnötige Spannungen im Körper, Spannungen, in denen sich unsere Erziehung, der ganze Stress, unsere oft schlechte Haltung, unsere Ängste, Sorgen, Nervositäten und so weiter widerspiegeln. Wer viel am Schreibtisch oder am Computer arbeitet, kann damit beginnen, zu beobachten, wie er mit gekrümmter Wirbelsäule dasitzt, Rücken und Nacken voller Spannungen.[2]

Eine Wirbelsäule, die beim Sitzen und beim Stehen nicht aufrecht und entspannt zugleich ist, schränkt die Beweglichkeit des Zwerchfells und der anderen Atemmuskeln ein. Haben wir diese haltungsbedingten Ungleichgewichte und Spannungen erst einmal entdeckt und herausgefunden, wie sie den Atem beeinträchtigen, verstehen wir genau, dass es beim gesunden Atmen nicht allein um Chemie oder die richtigen Techniken geht, sondern auch um bewusstes Spüren, Tiefenentspannung, harmonische Bewegungen und die richtigen Körperhaltungen im Alltag.

Dem Atem folgen

Jetzt, da Sie einen Eindruck davon bekommen haben, wie sich übermäßige Anspannung auf Ihr Atemgeschehen auswirkt, setzen Sie sich mit geschlossenen Augen einige Minuten lang ruhig hin, entweder mit gekreuzten Beinen auf den Boden oder auf einen Stuhl (lehnen Sie sich nicht an, es sei denn, es ist aus gesundheitlichen Gründen erforderlich). Ihre Wirbelsäule ist aufrecht und geschmeidig. Die Hände ruhen auf den Knien oder liegen gefaltet in Ihrem Schoß. Spüren Sie, dass Ihr Gewicht von der Unterlage getragen wird und wie Ihnen die verschiedenen Empfindungen Ihres Körpers ins Bewusstsein dringen.

Finden Sie heraus, welche aufrechte Sitzposition die wenigsten Spannungen mit sich bringt. Lassen Sie alle Gedanken und Gefühle kommen und gehen, aber »beschäftigen« Sie sich nicht weiter mit ihnen.

Folgen Sie Ihrem Atem stufenweise von der Nase in die Lunge

Folgen Sie jetzt Ihrem Atem. Spüren Sie zunächst Temperatur und Schwingung der Luft, wenn sie beim Einatmen in Ihre Nasengänge einströmt und sie beim Ausatmen wieder verlässt. Dann spüren Sie Temperatur und Schwingung der Luft, wie sie in Ihre Nase, die Kehle und die Luftröhre bis hinab in die Lunge strömt und beim Ausatmen wieder herausfließt.

Widmen Sie jeder Stufe mindestens drei bis vier vollständige Atemzüge und gehen Sie erst zur nächsten weiter, wenn Sie Temperatur und Schwingung der Luft tatsächlich wahrnehmen. Lassen Sie die Luft, die die verschiedenen Regionen berührt, Nase, Kehle und Luftröhre so weit wie möglich entspannen helfen. Spannungen in der Kehle, die oft mit der Angst, sich auszudrücken, in Verbindung gebracht werden, können den Atem zum Beispiel genauso belasten wie Spannungen in Bauch, Brust oder Rücken. Versuchen Sie während der Übung nicht, in irgendeiner Weise auf Ihren Atem einzuwirken.

Das Heben und Senken Ihres Bauches spüren

Nachdem Sie so mindestens fünf Minuten lang Ihren Atem gespürt haben, reiben Sie sich kurz die Hände, legen sie übereinander auf den Nabel und spüren Ihren Bauch. Wie reagiert Ihr Atem auf die Wärme und Energie Ihrer Hände? Spüren Sie, wie sich Ihr Bauch ausdehnt und hebt (oder es möchte), wenn Sie einatmen und sich beim Ausatmen zurückzieht und senkt(oder es möchte), während Sie sich zugleich darüber bewusst sind, wie die Luft in Ihre Lunge eindringt und sie wieder verlässt? Fühlen Sie, dass Ihr Bauch bei jedem Atemzug geräumiger wird? (Möglicherweise möchten Sie an dieser Stelle noch einmal die Bauchatmungsübung versuchen, die Sie im ersten Kapitel unter »Berührungsgestützes Atmen« kennengelernt haben.) In dem Maße, in dem Ihr Bauch beginnt, sich mit jedem Atemzug mehr zu öffnen, wird es Ihrem Zwerchfell möglich, seinen Bewegungsspielraum voller auszunutzen.

Die Energie des Hebens und Senkens im Bauch spüren

Während Sie diesen Bewegungen Ihres Atems weiterhin mit voller Aufmerksamkeit folgen, bekommen Sie vielleicht allmählich ein Gefühl von Energie tief in Ihrem Bauch ungefähr drei bis fünf Zentimeter unterhalb des Nabels. Dort befindet sich Ihr Hara (japanisch) beziehungsweise unteres Tan-tien (chinesisch). Sie spüren vielleicht, dass diese Energie beim Einatmen Ihren sich ausdehnenden Bauch erfüllt (siehe Abbildung 2.1 a). Beim Ausatmen könnten Sie das Gefühl bekommen, dass die Energie kompakt wird und sich in diesem »Energiezentrum« ballt (siehe Abbildung 2.1 b). Erleben und genießen Sie dieses Gefühl der sich ausbreitenden und kon-

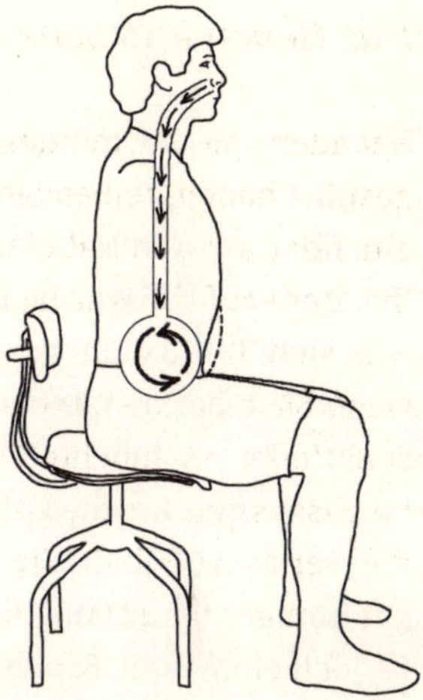

Abbildung 2.1 a
Die hebende und senkende Energie im Bauch: beim Einatmen breitet sich die Energie aus

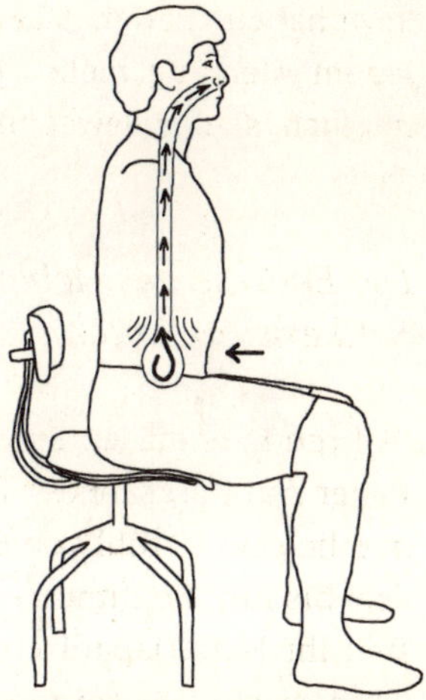

Abbildung 2.1 b
Die hebende und senkende Energie im Bauch: beim Ausatmen zieht sich die Energie zusammen

zentrierenden Energie. Arbeiten Sie etwa fünf Minuten so weiter. Dann hören Sie allmählich auf, dem Weg der Atemluft in die Lunge und wieder heraus zu folgen und bleiben – ganz bei sich – noch ein paar Minuten ruhig sitzen.

Den Raum im unteren Rücken öffnen

Man muss sich vor Augen führen, dass das Zwerchfell nicht nur mit den unteren Rippen verbunden ist, sondern auch mit den Lendenwirbeln Ihres Rückgrats (siehe Abbildung 2.2). Dies hat zur Folge, dass alle Spannungen im unteren Rückenbereich das reibungslose Funktionieren des Zwerchfells, unseres größten Atemmuskels, beeinträchtigen. Deshalb wenden wir uns jetzt der Öffnung des unteren Rückenbereichs zu.

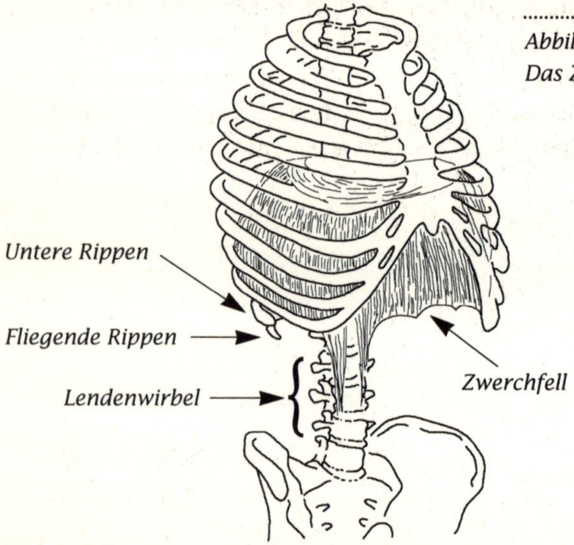

Abbildung 2.2
Das Zwerchfell

Mit Beckenkreisen beginnen

Stellen Sie sich hin, die Füße parallel, etwa hüftbreit auseinander, die Arme hängen entspannt am Körper herab. Verschaffen Sie sich einen genauen Eindruck, eine Art Momentaufnahme, davon, wie Sie dastehen und atmen. Ohne zu versuchen, irgendetwas zu verändern, registrieren Sie einfach, wie Sie atmen und welche Teile Ihres Körpers von Ihrem Atem berührt beziehungsweise einbezogen werden.

Dann legen Sie Ihre Hände hinten auf Ihr Becken, die Finger (nach unten angewinkelt) zeigen in Richtung Ihrer unteren Lendenwirbelsäule, die Daumen zur Vorderseite Ihres Körpers oberhalb der Hüften. Wenn Ihre Hände korrekt liegen, haben Sie das Gefühl, dass Sie die Bewegungen Ihres Beckens mit ihnen steuern können.

Sie schauen geradeaus, den Blick fest auf einen Punkt einige Meter entfernt von Ihnen gerichtet. Dann beginnen Sie, Ihr Becken sanft und langsam im Uhrzeigersinn kreisen zu lassen. Ihr Becken beschreibt »schöne Kreise«, während Kopf und Schultern so bewegungslos wie möglich bleiben. Wählen

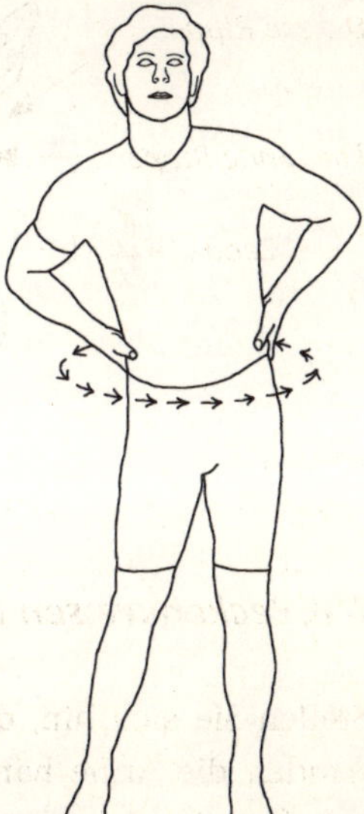

Abbildung 2.3
Beckenkreisen

Sie die Größe der Kreise so, dass Sie sie bequem und entspannt ausführen können. Falls erforderlich, können Sie sich auch Ihrer Hände bedienen, um die Bewegungen Ihres Beckens zu unterstützen (siehe Abbildung 2.3).

Während Ihr Becken kreist, spüren Sie, dass Sie nicht nur in Becken und Bauch atmen, sondern auch in den unteren Bereich Ihres Rückens. Versuchen Sie jedoch nicht, Ihren Atem auf die Beckenkreise einzustellen. Lassen Sie ihn einfach seinen eigenen Rhythmus finden. Nach mindestens sieben Kreisen im Uhrzeigersinn wechseln Sie die Richtung und lassen Ihr Becken ebenfalls mindestens siebenmal gegen den Uhrzeigersinn kreisen. Dann können Sie wieder in die ursprüngliche Richtung zurückkehren. Arbeiten Sie auf diese Weise mindestens fünf Minuten lang. Wenn Sie fertig sind, verschaffen Sie sich erneut einen Eindruck davon, wie Sie dastehen und atmen. Nehmen Sie wahr, wie die Übung Ihre Atmung verändert hat.

Die Entspannungsstellung

Gehen Sie jetzt auf die Knie und setzen sich auf die Fersen. Beugen Sie Ihren Oberkörper so weit vor, dass Ihre Stirn auf dem Boden liegt. Ihre Arme liegen neben dem Körper, die Handflächen zeigen nach oben. In dieser klassischen Yoga-

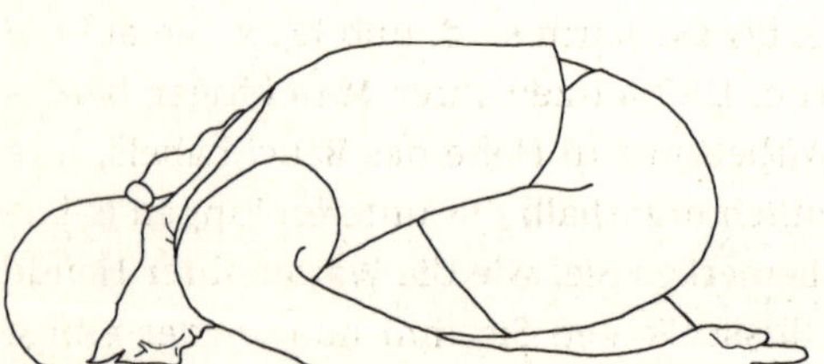

Abbildung 2.4 Entspannungsstellung

stellung sind Brust und Unterleib gegen die Oberschenkel, die Oberschenkel gegen die Waden gedrückt (siehe Abbildung 2.4).

Gewöhnen Sie sich an diese Stellung und achten Sie auf Ihren Atem. Wo spüren Sie ihn? Während Sie allmählich entspannter werden, bemerken Sie wahrscheinlich, dass er immer mehr auch Ihren unteren und mittleren Rücken einbezieht. Richten Sie Ihre Aufmerksamkeit auf den unteren Rückenbereich und nehmen Sie wahr, dass er sich beim Einatmen zu öffnen und beim Ausatmen zu schließen scheint. Behalten Sie die Stellung mindestens drei Minuten lang bei und genießen, wie sich Ihr unterer Rücken im Rhythmus Ihres Atmens öffnet und schließt.

Beugen Sie sich vornüber, um den unteren Rücken zu öffnen

Stehen Sie jetzt langsam auf und stellen sich hin, die Füße etwa hüftbreit auseinander, die Knie ein wenig gebeugt. Ihr Kopf ruht leicht auf Ihrer Wirbelsäule, Sie haben den Blick geradeaus gerichtet. Spüren Sie, dass die Erde Ihr ganzes Körpergewicht trägt.

In dieser Stellung richten Sie Ihre innere Aufmerksamkeit ein paar Minuten lang auf Ihren Atem. Verändern Sie ihn nicht. Nehmen Sie ihn nur wahr und spüren ihn. Dann reiben Sie sich die Hände, bis sie warm sind, und legen Sie auf die untere Rückenpartie. Die Spitzen Ihrer Mittelfinger berühren sich auf der Wirbelsäule in Höhe des Bauchnabels. Ihre Daumen liegen seitlich unterhalb der unteren Rippen (siehe Abbildung 2.5 a). Bemerken Sie, wie die Wärme Ihrer Hände Ihren Atem beeinflusst. Folgen Sie ihm nun wieder einige Züge lang.

Beugen Sie sich dann von der Stelle aus, an der Ihre Hände Ihren Rücken berühren, bequem nach vorn. Brust und Kopf hängen frei herab. Spüren Sie, wie sich Ihr unterer Rücken beim Einatmen öffnet und sich wieder schließt, wenn Sie ausatmen (siehe Abbildung 2.5 b). Nach einigen Atemzügen in dieser Stellung kehren Sie, während Sie ausatmen, in die Ausgangsposition zurück.

Wenn Sie diese Übung gleich wiederholen, dann mit dem Unterschied, dass Sie das Vornüberbeugen mit Ihrem Atem koordinieren. Sie atmen ein, während Sie sich von der Stelle aus, an der Ihre Hände auf dem Rücken aufliegen, und richten

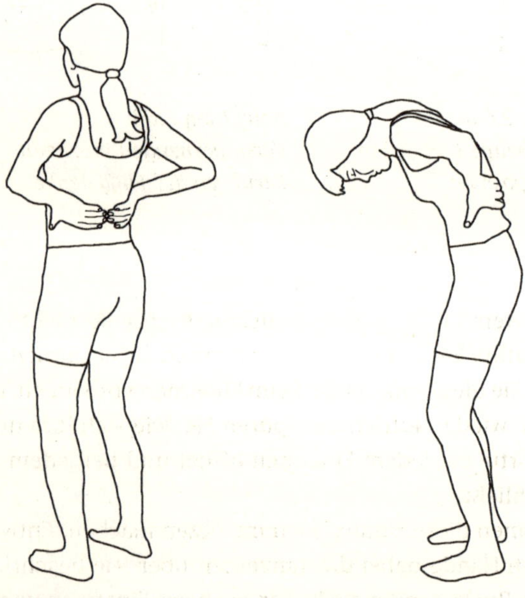

Abbildung 2.5 a
Vornüberbeugen:
Stellung der Hände

Abbildung 2.5 b
Vornüberbeugen:
in Höhe der Hände vorbeugen

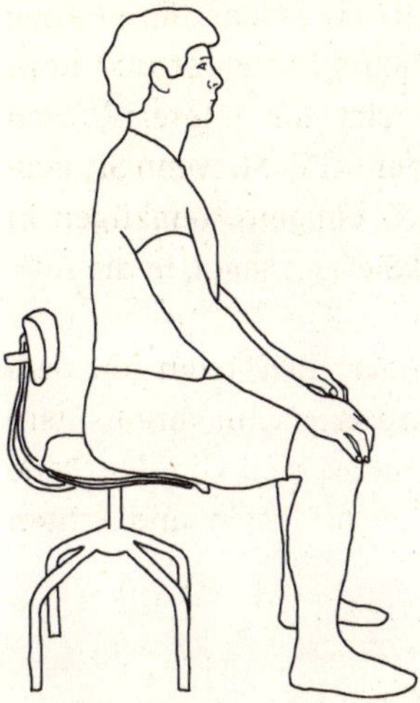

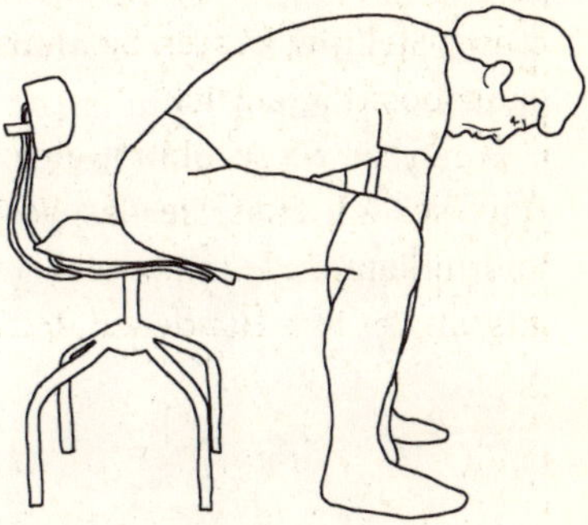

Abbildung 2.6 a
Vornüberbeugen im Sitzen: Ausgangsposition

Abbildung 2.6 b
Vornüberbeugen im Sitzen: Berühren der Fußgelenke

Ihren Einatem in den unteren Rücken. In Ihre aufrechte Ausgangsposition kehren Sie zurück, während Sie ausatmen. Wiederholen Sie dies einige Male. Beim Einatmen vorbeugen, beim Ausatmen wieder aufrichten. Spüren Sie, wie sich Ihre untere Rückenpartie bei jedem Einatmen öffnet und bei jedem Ausatmen schließt.

Sie können diese Übung auch im Sitzen machen. Entweder liegen Ihre Hände dabei die ganze Zeit über wie beschrieben auf Ihrem Rücken, oder sie lassen sie beim Einatmen von den Knien (siehe Abbildung 2.6 a) bis zu den Fußgelenken (siehe Abbildung 2.6 b) hinabgleiten und beim Ausatmen wieder zurück zu den Knien.

Drücken Sie beim Einatmen die untere Rückenpartie in den Boden

Legen Sie sich auf den Boden, die Knie angewinkelt, Füße auf der Erde. Legen Sie sich die Hände übereinander auf den Bauch. Folgen Sie Ihrem Atem. Spüren Sie, wie sich Ihre untere Rückenpartie beim Einatmen in den Boden drückt (siehe Abbildung 2.7 a) und beim Ausatmen wieder zurückzieht (siehe Abbildung 2.7 b). Wenden Sie keine Kraft auf. Versuchen Sie dies einige Atemzüge lang.

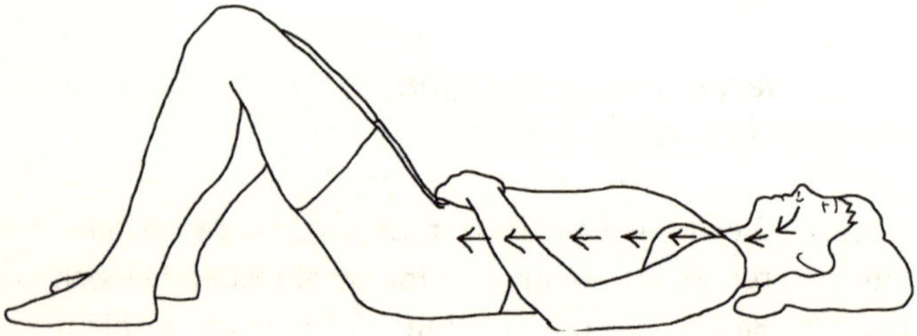

Abbildung 2.7 a
Die Bewegung der unteren Rückenpartie: beim Einatmen

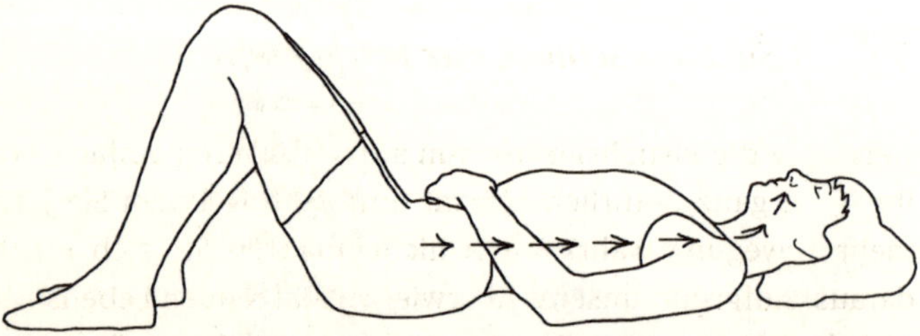

Abbildung 2.7 b
Die Bewegung der unteren Rückenpartie: beim Ausatmen

Wölben Sie beim Einatmen Ihre untere Rückenpartie

Machen Sie es jetzt genau umgekehrt. Beim Einatmen wölbt sich Ihr Rücken nach oben, während er beim Ausatmen wieder in den Boden zu fließen scheint. Wiederholen Sie dies einige Atemzüge lang. (Diese Übung eignet sich besonders gut zur Entspannung.)

Zum Abschluss wechseln Sie noch einmal für einige Atemzüge die Richtung, lassen Ihren Rücken beim Einatmen in den Boden sinken, während er sich beim Ausatmen leicht wölbt.

Visualisieren Sie einen Ballon, der sich füllt und entleert

Nehmen Sie Ihren Bauch wahr und visualisieren Sie darin einen leeren Ballon. Wenn Sie einatmen, stellen Sie sich vor, dass der Ballon sich mit Luft füllt, Ihren Bauch aufbläht und den unteren Rücken in den Boden drückt. Beim Ausatmen entleert sich der Ballon, Ihr Bauch senkt sich, der Rücken kehrt in seine frühere Position zurück. Einige Male wiederholen.

Spüren Sie zum Schluss nur Ihren Atem

Geben Sie die Visualisierung nun auf und spüren einfach, wie Ihr Atem ganz natürlich kommt und geht. Nehmen Sie jetzt mehr Bewegung wahr? Wenn nicht, machen Sie sich nichts daraus. Aufgrund unserer überwiegend sitzenden Lebensweise haben heutzutage die meisten von uns so viele Spannungen im Bauch und in der unteren Rückenpartie, dass es einige Zeit dauern kann, bis sie sich entspannen und öffnen.

Öffnen Sie mit Hilfe des U-Lauts Ihren Unterleib und den Rücken

Stellen Sie sich, während Sie durch die Nase einatmen, vor, dass Sie einen U-Laut (wie in dem Wort »Uhr«) bilden. Wenn Sie dann durch den Mund ausatmen, bringen Sie den U-Laut leise hervor. Hören Sie ihn innerlich beim Einatmen und akustisch beim Ausatmen. Tun Sie dies einige Atemzüge lang. Strengen Sie sich nicht an. Versuchen Sie weder beim Ein- noch beim Ausatmen etwas zu erzwingen. Lassen Sie den Einatem, Ihrem inneren U-Laut folgend, ganz von allein kommen. Nehmen Sie wahr, wie Ihnen der innere U-Laut dabei hilft, die Geräumigkeit im Unterbauch, Rücken und sogar im Becken zu spüren. Spüren Sie, wie Sie durch den Laut beim Ein- und Ausatmen gestützt und geerdet werden. Arbeiten Sie aber bitte nicht länger als neun Atemzüge mit dem Ton, da Sie sonst möglicherweise müde werden und sich schwer fühlen. Nehmen Sie danach wahr, dass sich Ihr Bauch und die untere Rückenpartie mehr im Einklang mit Ihrem Atem bewegen.

Die Räume des unteren Brustkorbs öffnen

Wie bereits erwähnt, ist das Zwerchfell überall an den Rippen befestigt. Wenn es sich beim Einatmen kontrahiert und nach unten bewegt, dehnen sich die Rippen nach außen und auch ein wenig nach oben aus. Diese Bewegung ermöglicht es ihrerseits der Lunge, sich auszudehnen und mehr Luft aufnehmen zu können. Wenn sich das Zwerchfell beim Ausatmen entspannt und wieder nach oben steigt, senken sich die Rippen wieder und kehren in ihre Ausgangsposition zurück, wodurch sich die Lunge zusammenziehen und richtig entleeren kann. Deshalb ist es wichtig, dass sich auch die unteren Rippen beim Einatmen frei und ungehindert öffnen (und leicht nach oben bewegen) beziehungsweise beim Ausatmen schließen (und leicht nach unten gehen) können. Bei vielen Menschen ist diese Beweglichkeit aufgrund übermäßiger Spannungen im gesamten Brust- und Rückenbereich eingeschränkt.

Setzen Sie sich jetzt auf einen Stuhl und spüren Ihren Brustkorb. Versuchen Sie keinerlei Einfluss auf Ihren Atem zu nehmen. Sowie Sie Ihren Brustkorb als ganzen wahrnehmen können, reiben Sie sich die Hände, bis sie warm sind, und legen sie mit den Daumen nach hinten auf Ihre unteren Rippen. Daumen und Zeigefinger liegen dabei auf der untersten Rippe, Mittel-, Ring- und die kleinen Finger liegen darunter in Ihrer Taille. Spüren Sie, wie sich die Wärme und der leichte Druck Ihrer Hände auf Ihren Atem auswirken. Nehmen Sie wahr, dass Ihre Atembewegungen ganz ohne Ihr Zutun mehr und mehr auch Ihre unteren Rippen einbeziehen. Fühlen Sie, wie sie sich öffnen und schließen, leicht aufsteigen und hinabsinken?

Wenn Sie bemerken, dass sie sich nicht bewegen, können Sie beim Ausatmen sanften Druck auf Ihre Rippen ausüben und ihn beim Einatmen langsam reduzieren. Versuchen Sie es ein paar Atemzüge lang. Sie dürfen sich gern auch die Zwischenräume zwischen den unteren Rippen sanft mit den Fingern massieren.

Wenn Sie spüren, dass sich Ihre unteren Rippen allmählich zu bewegen beginnen, schauen Sie, ob Sie gleichzeitig die Bewegungen Ihres Bauches wahrnehmen können – wie er sich beim Einatmen dehnt und beim Ausatmen wieder einzieht und senkt. Arbeiten Sie so drei bis vier Minuten lang weiter.

Rumpfbeugen nach links und rechts

Und nun lassen Sie Ihren Oberkörper mit entspannten Schultern sanft und leichtgewichtig nach links sinken. Kopf und linkes Ohr bewegen sich in Richtung auf Ihre linke Schulter. Beugen Sie sich seitlich so weit nach unten, wie Sie können, ohne sich übermäßig anzustrengen. Achten Sie jedoch darauf, dass Sie dabei bequem auf beiden Sitzknochen sitzen bleiben (siehe Abbildung 2.8). Verharren Sie mindestens zwei Minuten in dieser Stellung und spüren Sie, wie sie sich auf Ihre Atmung auswirkt. An welcher Stelle ist Ihr Atem am aktivsten? Nehmen Sie wahr, dass sich die rechte Seite Ihres Brustkorbs bei jedem Einatmen mehr öffnet? Versuchen Sie es aber nicht zu erzwingen. Überlassen Sie alles ganz der Körperhaltung, die Sie eingenommen haben.

Nach zwei oder drei Minuten kehren Sie in die aufrechte Sitzposition zurück und spüren Ihrem Atem nach. Stellen Sie

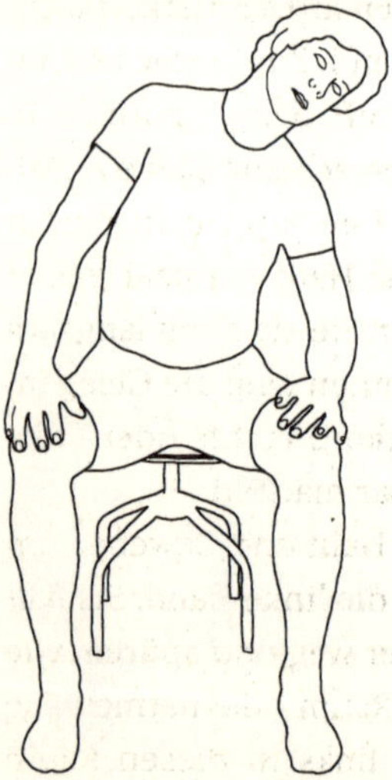

Abbildung 2.8
Rumpfbeugen nach links

fest, dass sich Ihr Brustkorb rechts jetzt bei jedem Einatmen vollständiger und leichter öffnet.

Beugen Sie sich danach nach rechts und richten Ihre Aufmerksamkeit auf die linke Seite Ihres Brustkorbs. Spüren Sie auch jetzt wieder, wie sich diese Stellung auf das Atemgeschehen auswirkt. Wo scheint Ihr Atem am aktivsten zu sein? Spüren Sie, dass sich die linke Seite Ihres Brustkorbs beim Einatmen öffnet? Versuchen Sie nichts zu erzwingen. Überlassen Sie alles ganz der Körperhaltung, die Sie eingenommen haben.

Nach zwei oder drei Minuten kehren Sie in die aufrechte Sitzposition zurück und folgen wiederum Ihrem Atem. Stellen Sie fest, dass sich jetzt beide Seiten Ihres Brustkorbes beim Atmen vollständiger und müheloser bewegen.

Zupfen Sie die Haut am unteren Teil Ihres Brustkorbs ein wenig vom Körper weg

Nehmen Sie jetzt am unteren rechten Teil Ihres Brustkorbs ein wenig Haut und Gewebe in die rechte Hand. Zupfen Sie es vom Körper weg und spüren Sie, wie die Luft beim Einatmen in diesen zusätzlichen Raum einzudringen scheint (siehe Abbildung 2.9). Spüren Sie auch, wie sich Ihre Rippen in diesen Raum hinein ausdehnen. Halten Sie die Haut ein paar ganze Atemzüge lang vom Körper weg. Lassen Sie sie dann langsam los. Nutzen Sie dann ein oder zwei Minuten lang die Gelegenheit zu spüren, ob sich in Ihrem Brustkorb rechts oder links irgendwelche Veränderungen bemerkbar machen.

Nehmen Sie im Anschluss ein wenig Haut und Gewebe vom unteren linken Teil Ihres Brustkorbs in die linke Hand. Sie halten die Haut eine Weile lang vom Körper weg und spüren, wie Sie in diesen zusätzlich entstandenen Raum hineinatmen. Sie nehmen wahr, dass sich Ihre Rippen links in diesen Raum

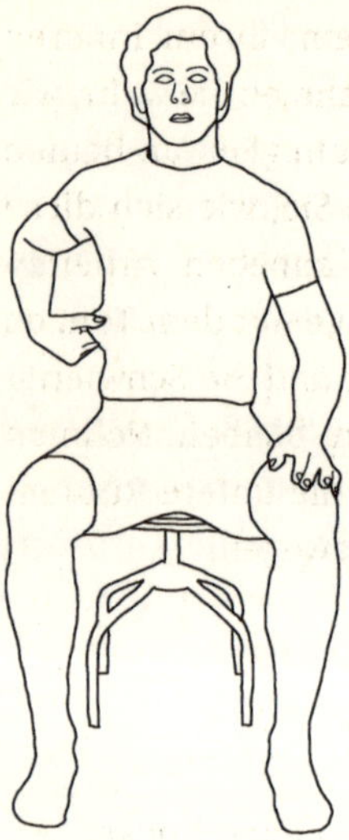

Abbildung 2.9
An der Haut ziehen

hinein ausdehnen. Tun Sie dies ein paar vollständige Atemzüge lang. Lassen Sie die Haut dann allmählich los. Nehmen sie sich ein oder zwei Minuten lang Zeit, um zu spüren, dass sich Ihr gesamter Brustkorb beim Einatmen weiter ausdehnt und beim Ausatmen absenkt.

Öffnen Sie Ihren Brustkorb seitlich mit Hilfe des Vokals e

Stellen Sie sich, während Sie durch die Nase einatmen, vor, dass Sie den Vokal E (wie in »Ende«) bilden. Bringen Sie ihn beim Ausatmen durch den Mund leise hervor. Hören Sie ihn beim Einatmen innerlich und akustisch beim Ausatmen. Gehen Sie auf diese Weise ein paar vollständige Atemzüge lang vor. Strengen Sie sich nicht an. Versuchen Sie weder, Ihren Atem zu »packen«, noch Ihren Brustkorb zu öffnen. Überlassen Sie alles dem inneren Laut. Lassen Sie den Einatem, Ihrem inneren E-Laut folgend, ganz von allein kommen. Nehmen Sie wahr, wie Ihnen der innere Laut dabei hilft, die Geräumigkeit an beiden Seiten Ihres Brustkorbs zu spüren. Spüren Sie, wie sich diese Körperpartien erweitern und ein bisschen anheben. Arbeiten Sie aber bitte nicht länger als neun Atemzüge mit dem Ton, da sich Ihre Energie sonst eventuell verstreut und Sie Schwierigkeiten bekommen, ruhig und gesammelt zu bleiben. Nehmen Sie danach wahr, dass sich Ihr Bauch und die untere Rückenpartie mehr im Einklang mit Ihrem Atem bewegen.

Den Raum im Rücken öffnen

Jetzt wenden wir uns Ihrem mittleren und oberen Rücken zu. Dies erhöht nicht nur die Beweglichkeit Ihres Zwerchfells, sondern hilft auch der Lunge, sich mehr nach hinten auszudehnen und mithin ihr Arbeitsvolumen zu vergrößern. Darüber hinaus wirkt es wie ein gutes Gegengift gegen die zunehmende Ungeduld und Nervosität, die unsere Aufmerksamkeit und damit den Atem immer nur auf die vordere Seite unseres Körpers richtet – in die Zukunft –, wenn wir lernen, uns selbst und unseren Atem vom Rücken aus zu spüren.

Im Stehen, die Arme hängen locker am Körper herab, versuchen Sie Ihren ganzen Rücken so vollständig wie möglich wahrzunehmen. Wenn Sie jetzt einatmen, heben Sie dabei beide Arme über den Kopf, die Handflächen einander zugekehrt (siehe Abbildung 2.10), und senken sie, während Sie ausatmen. Tun Sie dies ein paar Atemzüge lang und beobachten, welche Wirkung es auf Ihre Atmung hat. Stellen Sie sich danach auf die Fußspitzen und machen dieselben Bewegungen wie eben. Wie beeinflusst es Ihren Atem, wenn Sie auf den Fußspitzen stehen? Oder die Wahrnehmung Ihres Rückens?

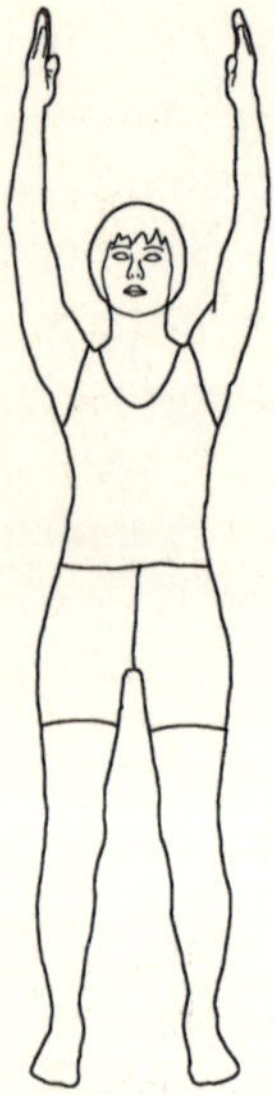

Abbildung 2.10
Die Arme über den Kopf heben

Wenn Sie noch ein wenig weiter experimentieren möchten, können Sie die Übung wiederholen, dabei aber beim Ausatmen die Arme heben und sie senken, während Sie einatmen. Fühlt es sich natürlich an? Wie wird Ihr Atem davon beeinflusst? Inwiefern ändert sich die Wahrnehmung Ihres Rückens? Beenden Sie diesen Übungsteil, indem Sie die Arme wieder beim Einatmen über den Kopf heben und beim Ausatmen in die Ausgangsposition zurückkehren. Machen Sie erst weiter, wenn Sie sich Ihres Atmens ganz bewusst sind.

Schaukeln Sie von einer Seite zur anderen

Legen Sie sich auf den Rücken, die Füße flach auf dem Boden, die Knie angewinkelt. Folgen Sie Ihrem Atem bei jeder seiner Bewegungen. Registrieren Sie alle Bewegungen im Bauch, im

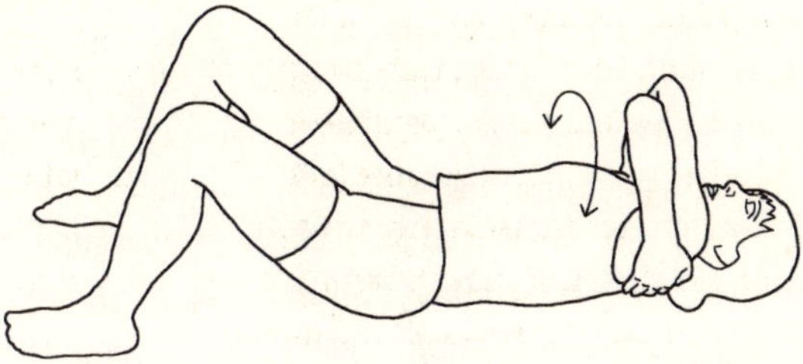

Abbildung 2.11
Von einer Seite zur anderen schaukeln

Rücken und im Brustbereich. Spielen diese Körperpartien in Ihrem Atemgeschehen jetzt bereits eine größere Rolle?

Dann kreuzen Sie die Arme über der Brust, sodass Sie mit der rechten Hand Ihr linkes Schulterblatt berühren und mit der linken Hand Ihr rechtes Schulterblatt. Mit Hilfe Ihrer Hände schaukeln Sie sanft von einer Seite zur anderen (siehe Abbildung 2.11). Stellen Sie fest, wie diese sanfte, rhythmische Bewegung Rücken und Brust entspannt. Schaukeln Sie noch ein paar Momente lang weiter und achten dabei auf Ihren Atem. Ob Sie wohl Ihre Wirbelsäule von den verschiedenen Rückenmuskeln unterscheiden können? Fahren Sie solange fort, bis sich Rücken und Brustbereich offener und behaglicher anfühlen.

Atmen Sie die Wirbelsäule herauf und hinunter

Wenn sich Rücken und Brustbereich entspannt fühlen und Sie die ganze Länge Ihrer Wirbelsäule spüren können, legen Sie die Arme an die Seiten. Spüren Sie, wie die Bewegung Ihres Atems beim Einatmen am Steißbein beginnt und sich über Ihre ganze Wirbelsäule bis zum Kopf fortsetzt. Spüren Sie beim

Ausatmen, wie sich die Bewegung Ihres Atems vom Kopf über Ihre ganze Wirbelsäule bis zum Steißbein erstreckt. Spüren Sie beim Ein- beziehungsweise Ausatmen eine ganz leichte energetische Bewegung die Wirbelsäule entlang? Wenden Sie keinerlei Kraft auf. Verlassen Sie sich ausschließlich auf Ihre Absicht und Aufmerksamkeit. Spüren Sie mindestens fünf Minuten lang, wie der Atem Ihre ganze Wirbelsäule berührt.

Wenn es Ihnen Schwierigkeiten bereitet, Ihrem Atem in einem Zug die ganze Wirbelsäule herauf beziehungsweise hinab zu folgen, gehen Sie in Etappen vor, jeweils ungefähr ein Drittel oder ein Viertel der Länge. Das Wichtigste ist, dass Sie sich genügend Zeit nehmen und die Bewegung Ihres Atems durch die Wirbelsäule genau spüren.

Umarmen Sie sich und atmen Sie dabei in den Rücken

Jetzt umfassen Sie im Sitzen oder im Stehen Ihren Oberkörper mit beiden Armen, wie im ersten Kapitel beschrieben. Fassen Sie Ihr linkes Schulterblatt mit der rechten Hand und das rechte Schulterblatt mit der linken Hand (siehe Abbildung 1.8). Wenn Sie mit den Händen nicht ganz an die Wirbelsäule kommen, ist es nicht schlimm. Greifen Sie einfach so weit, wie es Ihnen möglich ist. Atmen Sie in dieser Position normal weiter. Sie werden feststellen, dass der Druck, den Sie auf Ihren Brustkorb ausüben, automatisch dazu führt, dass Sie in den Rücken atmen. Atmen Sie in dieser Stellung mindestens neunmal ein und aus und spüren dabei genau, wie sich Ihr Rücken zu öffnen und zu bewegen beginnt. Dann nehmen Sie die Hände wieder zur Seite beziehungsweise legen sie in den Schoß und schauen, wie sich Ihr Rücken anfühlt. Spüren Sie, dass er jetzt bei jedem Zug mehr von Ihrem Atem berührt wird?

Nehmen Sie nun wieder die Entspannungshaltung ein

Nehmen Sie jetzt die Entspannungshaltung ein, die Sie bereits kennen. Gehen Sie auf die Knie und setzen sich auf die Fersen. Beugen Sie Ihren Oberkörper so weit vor, dass Ihre Stirn den Boden berührt. Die Arme zeigen nach hinten, die Handflächen nach oben (siehe Abbildung 2.4).

Sowie Sie sich in dieser Stellung entspannen können, richten Sie die Aufmerksamkeit auf Ihren ganzen Rücken und spüren, wie er sich beim Einatmen scheinbar öffnet und beim Ausatmen schließt. Verweilen Sie mindestens drei Minuten lang in dieser Stellung und genießen die Empfindungen im Rücken.

Dann setzen oder stellen Sie sich auf und spüren ein paar Minuten lang Ihren Atem, bevor Sie sich der nächsten Übung zuwenden.

Den Raum in der Brust öffnen

Da viele Menschen ohnehin hauptsächlich in den oberen Brustbereich atmen, sollte ich an dieser Stelle vielleicht darauf hinweisen, dass Sie sich keinesfalls anstrengen müssen, Ihre Brust herauszustrecken. Selbstverständlich sollte der gesamte Brustbereich prinzipiell in der Lage sein, sich beim Ein- und Ausatmen frei und ungehindert auszudehnen beziehungsweise einzuziehen. Der Grad, in dem dies beim Einatmen jedoch geschieht, sollte von den Anforderungen abhängig sein, die im jeweiligen Moment an die Atemtätigkeit gestellt werden.

Über die Brustatmung schreibt die Atemtherapeutin Magda Proskauer: »Normalerweise atmet man im Ruhezustand wie bei der Bauchatmung des Babys mehr mit dem Zwerchfell. Nur bei größten Anstrengungen tritt die vollständige Brustatmung ein, bei der sich die Rippen ausdehnen und heben. Dies beginnt gewöhnlich, wenn wir uns zum Handeln anschicken und unsere Aufmerksamkeit auf die äußeren Gegebenheiten richten.«[3]

Natürlich atmen heute viele von uns nicht mehr so, wie Proskauer es als normal bezeichnet. Aufgrund von zuviel Stress, emotionalen Problemen, einem harten Bauch, schlechter Atemkoordinierung, einem schwachen oder in seiner Bewegung eingeschränkten Zwerchfell und vielen anderen Faktoren benutzen wir stattdessen in erster Linie Brustkorb und Schultern, die ohnehin schon angespannt sind. Und so versuchen heutzutage viele Menschen – die bereits mit chronisch angespannten, hochgezogenen Schultern durchs Leben gehen – die Schultern noch mehr zu heben, wenn sie einmal tief einatmen möchten.

In einem weit verbreiteten alternativen Gesundheits-Newsletter erschien kürzlich ein Artikel über die vielen positiven Effekte einer gesunden Atmung. Darin beschreibt der Autor, ein Arzt, ausführlich eine Übung, bei der es darum geht, die Lunge von oben mit frischer Atemluft zu füllen, und meint schließlich: »Atmen Sie solange ein, dass die Luft auch in den oberen Teil Ihrer Lunge eindringt. Dabei heben Sie leicht das Schlüsselbein an und ziehen die Schultern hoch und zurück.«[4]

Obwohl die Empfehlung, die Schultern hoch- und zurückzuziehen, sehr häufig gegeben wird, ist sie meiner Meinung nach falsch. Viele Leute haben heute bereits dermaßen viel Spannung in ihren ständig hochgezogenen Schultern und atmen sowieso hauptsächlich mit dem oberen Teil ihres Brustkorbs und der Lunge, sodass jegliche Aufforderung, die Schultern »hoch- und zurückzuziehen« die Probleme nur noch verschlimmert. Es geht überhaupt nicht darum, irgendetwas mit den Schultern anzustellen, sondern vielmehr darum, unnötige Spannungen zu lösen und so vollständig auszuatmen, dass sich die Bewegungen, die mit gesundem Einatmen einhergehen, spontan und unbelastet einstellen können.

Wenn Sie die im Folgenden beschriebenen Techniken anwenden, versuchen Sie also nicht, absichtlich in die Brust zu atmen. Das wäre in den meisten Fällen kontraproduktiv. Überlassen Sie einfach alles den speziellen Haltungen, Bewegungen, Lauten und Berührungen. Ihr einziges Dazutun besteht darin, dass Sie alle unnötigen Spannungen beobachten und mit bewusster Aufmerksamkeit loslassen, damit sich Ihr Brustbereich auf alle Anforderungen, die das Atmen an ihn stellt, anpassen kann.

Entspannen Sie die Schultern

Setzen Sie sich zunächst hin und nehmen Ihre Schultern genau wahr. Spüren Sie irgendwelche Spannungen darin? Wenn Sie sich einen exakten Eindruck davon verschafft haben, wie sich Ihre Schultern anfühlen, ziehen Sie sie bewusst so weit wie möglich zu den Ohren hoch. Verweilen Sie einige Atemzüge lang in dieser Stellung. Lassen Sie die Schultern dann wieder fallen und atmen eine Weile weiter. Diesen ganzen Prozess wiederholen Sie dreimal.

Dann beschreiben Sie mit den Schultern einige Kreise erst nach vorn und dann nach hinten, während Sie ganz natürlich weiteratmen. Schließlich heben Sie während drei Atemzügen die Schultern schnell an und lassen sie wieder fallen.

Wenn Sie damit fertig sind, achten Sie darauf, wie sich Ihre Schultern anfühlen. Achten Sie auch darauf, ob und wie sich Ihr Atem verändert hat. Wann immer Sie sich verspannt fühlen oder unruhig sind, wird Ihnen diese Übung helfen.

Den Bogen in beide Richtungen spannen

Im Qi Gong gibt es viele einfache Übungen, die dazu dienen, die verschiedenen Atemräume zu öffnen. Den Bogen in beide Richtungen spannen gehört zu meinen Lieblingsübungen.[5] Stellen Sie sich hin, die Füße etwa hüftbreit auseinander. Heben Sie die Hände entspannt mit den Handflächen nach außen in etwa fünfundzwanzig Zentimeter Entfernung vors Gesicht. Der Abstand zwischen den Daumen und Zeigefingern beider Hände beträgt etwa zwei bis zehn Zentimeter. Auf diese Weise entsteht eine Art Dreieck, durch das Sie den Blick in die Ferne richten (siehe Abbildung 2.12 a). Ihre Schultern sind nicht angehoben und so entspannt wie möglich. Atmen Sie ein paar Mal ein und aus und nehmen dabei wahr, was in Ihrer Brust geschieht.

Wenn Sie dann mit dem nächsten Atemzug beginnen, schieben Sie die Hände auseinander und ballen sie sanft zu Fäus-

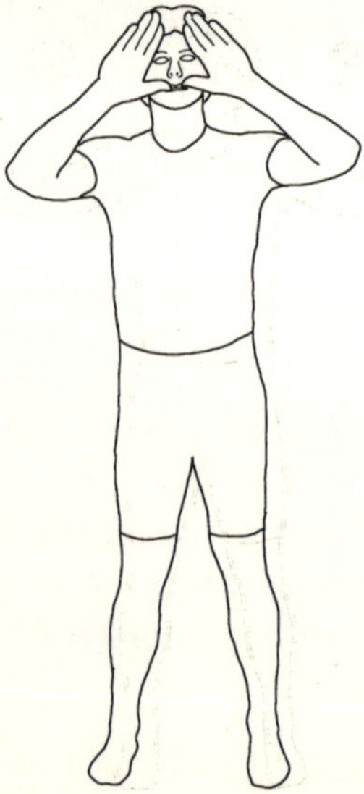

Abbildung 2.12 a
Den Bogen in beide Richtungen spannen: Ausgangsstellung der Hände

ten, wobei sich Ihr Brustkorb mühelos öffnet. Die Bewegung Ihrer Hände sollte abgeschlossen sein, wenn auch der Vorgang des Einatmens beendet ist. Spüren Sie, wie Sie mit dieser Bewegung die natürliche Ausdehnung Ihrer Brust beim Einatmen unterstützen, indem Ihre Schulterblätter aneinander rücken. Achten Sie darauf, dass Ihre Hände in Augenhöhe bleiben (siehe Abbildung 2.12 b). Beim Ausatmen lassen Sie Ihre Hände in die Ausgangsstellung zurückkehren, während Ihr Brustkorb wieder schmaler wird. Spüren Sie, wie Sie diese natürliche Bewegung Ihres Brustkorbs unterstützen, indem sich Ihre Schulterblätter weiter voneinander entfernen. Nehmen Sie zur Kenntnis, wie sich diese Bewegungen auf Ihren Atem auswirken.

Nach mindestens drei Atemzügen, die Sie auf diese Weise durchführen, kommen weitere Bewegungen hinzu: Wenn sich Ihr Brustkorb ausdehnt, während Sie die Hände nach außen

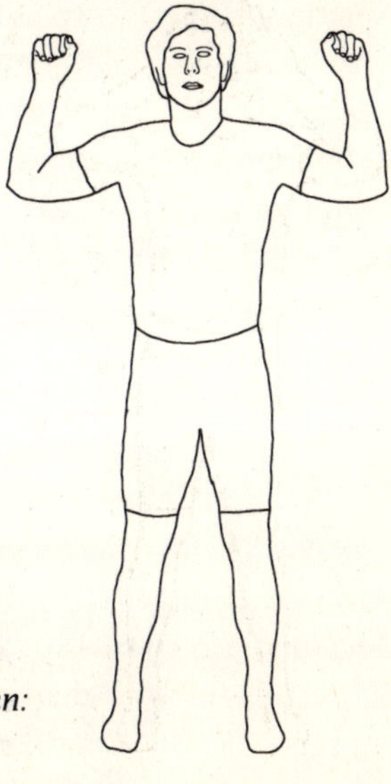

Abbildung 2.12 b
Den Bogen in beide Richtungen spannen: Ausdehnung des Brustkorbs

bewegen, folgen Sie Ihrer linken Hand mit dem Blick und dem Kopf. Lassen Sie die Hand auch nicht aus den Augen, während Sie sie beim Ausatmen wieder vors Gesicht bringen und Ihr Brustkorb schmaler wird. Machen Sie es beim nächsten Atemzug umgekehrt und folgen Ihrer rechten Hand. Üben Sie mindestens drei Atemzüge lang abwechselnd mit beiden Händen. Beobachten Sie, wie die Bewegungen Ihrer Augen und Ihres Kopfes die Empfindung des Atemraums in Ihrer Brust verändert. Fahren Sie frühestens nach einigen weiteren Atemzügen mit dem nächsten Übungsteil fort.

Berührung und Klopfen

Legen Sie sich jetzt wieder hin, Füße flach auf dem Boden, Knie angezogen. Reiben Sie sich die Hände, bis sie warm sind, und legen sie auf Ihre Brust. Die linke auf die linke Seite Ihres Brustkorbs, die rechte auf den rechten Teil. Ihre Mittelfinger sind knapp drei Zentimeter voneinander entfernt, die Hände liegen mit der Unterkante auf Ihrer untersten Rippe (siehe Abbildung 2.13). Nehmen Sie Ihre Hände auf dem Brustkorb wahr und spüren Sie, wie es sich auf Ihren Atem auswirkt. Vielleicht können Sie spüren, dass sich Ihr Brustkorb beim Einatmen leicht ausdehnt und hebt und beim Ausatmen wieder zusammenzieht und sich senkt. Verändern Sie die Position Ihrer Hände dann so, dass sie mit den Unterkanten etwa an der Stelle zu liegen kommen, wo sich vorher Ihre Daumen befanden (siehe Abbildung 2.14). Beobachten Sie, dass sich Ihr Brustkorb beim Einatmen leicht ausdehnt und beim Ausatmen wieder zusammenzieht. Verändern Sie die Position Ihrer Hände dann noch einmal so, dass die Fingerspitzen beidseitig das Schlüsselbein über dem oberen Ende Ihrer Lungenflügel berühren, und die Handflächen direkt über der Lunge liegen

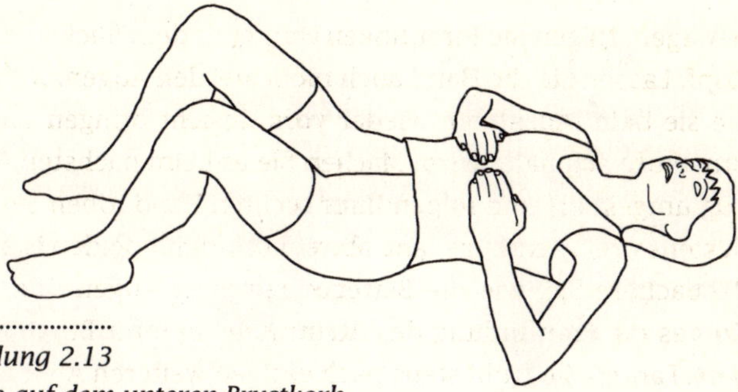

Abbildung 2.13
Hände auf dem unteren Brustkorb

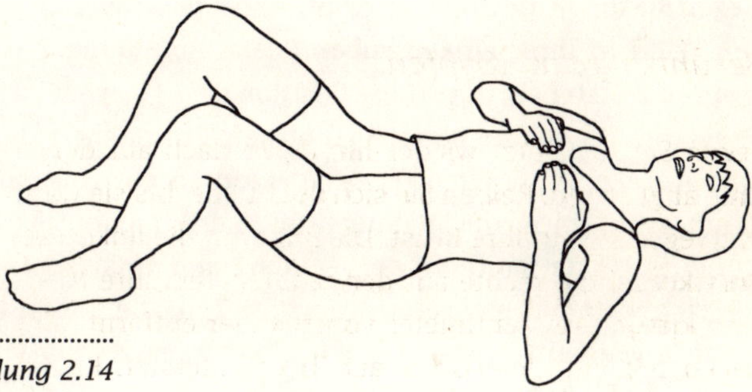

Abbildung 2.14
Hände auf dem mittleren Teil des Brustkorbs

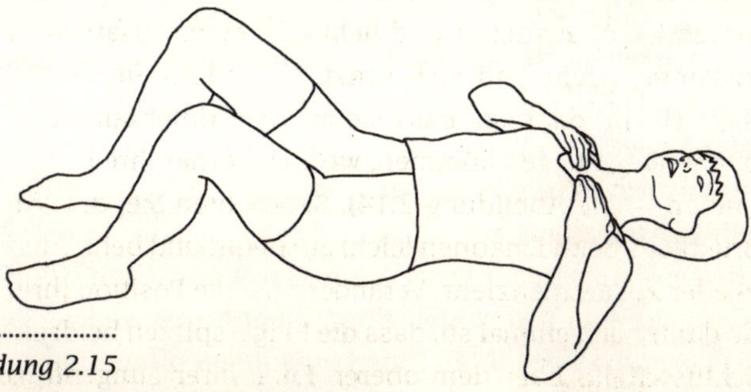

Abbildung 2.15
Hände ganz oben auf dem Brustkorb

(siehe Abbildung 2.15). Spüren Sie auch jetzt wieder der Bewegung Ihres Atems nach.

Wiederholen Sie diesen ganzen Prozess, aber diesmal, indem Sie die jeweiligen Partien Ihres Brustkorbs ganz sanft mit den Fingern klopfen. Im Anschluss legen Sie die Hände neben Ihren Körper und achten genau darauf, ob der Atem Ihre Brust jetzt irgendwie anders berührt.

Legen Sie die Arme über den Kopf

Legen Sie die Arme über den Kopf, wobei die Finger Ihrer rechten Hand in Ihrer Linken ruhen (siehe Abbildung 2.16). Sie werden feststellen, dass diese Position sehr geeignet ist, Ihren Brustkorb im oberen Bereich zu öffnen. Entspannen Sie Brust und Rücken in dieser offenen Position so gut wie möglich. Dann wechseln Sie die Stellung Ihrer Hände, indem Sie die Finger Ihrer Linken sanft mit der rechten Hand umfassen. Lassen Sie sich während mehrerer Atemzüge Zeit, die feinen Unterschiede gegenüber der vorigen Position zu spüren.

Heben Sie den Ellbogen zur Decke

Die Finger der einen Hand liegen weiterhin in der anderen, während Sie jetzt beim Einatmen Ihren rechten Ellbogen anheben, bis er zur Decke zeigt (siehe Abbildung 2.17). Beim Ausatmen legen Sie ihn auf den Boden zurück. Setzen Sie dies einige Atemzüge lang so fort und nehmen dabei wahr, wie sich die Bewegungen auf Ihren Atem auswirken. Wenn beide Arme flach auf dem Boden über Ihrem Kopf liegen, stellen Sie bitte fest, welche Seite Ihres Brustkorbs Ihnen offener vorkommt. Dann heben Sie beim Einatmen Ihren linken Ellbogen an, bis

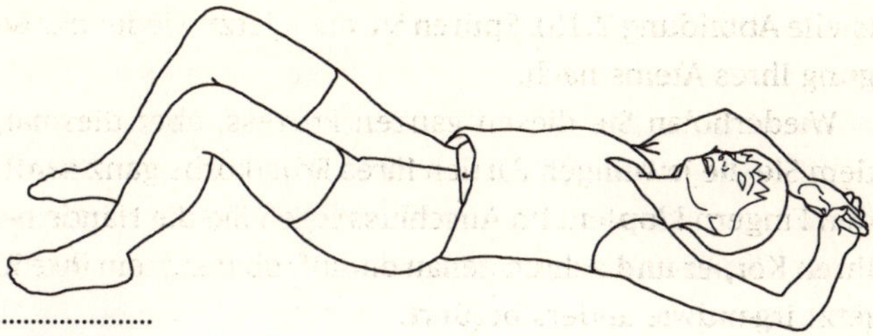

Abbildung 2.16
Arme über dem Kopf auf dem Boden

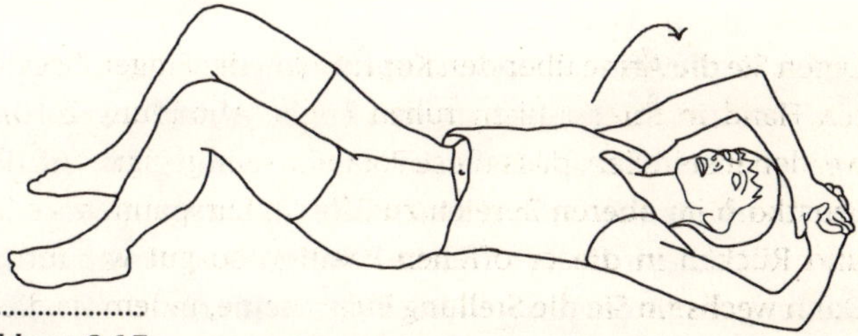

Abbildung 2.17
Den Ellbogen beim Einatmen zur Decke heben

er zur Decke zeigt, und führen ihn beim Ausatmen in die Ausgangsposition zurück. Machen Sie einige Atemzüge lang so weiter. Wenn beide Arme dann wieder flach über Ihrem Kopf auf dem Boden liegen, achten Sie noch einmal besonders auf Ihren Atem. Bemerken Sie irgendeinen Unterschied?

Mit entgegengesetzten Armen

Lassen Sie Ihren rechten Arm über dem Kopf liegen und legen den linken neben Ihren Oberkörper (siehe Abbildung 2.18). Sie achten wie gehabt einige Züge lang auf Ihren Atem und stellen fest, welche Seite Ihres Oberkörpers sich scheinbar weiter öffnet. Vielleicht können Sie sogar die ganze asymmetrische Struktur Ihres Atems jetzt spüren? Registrieren Sie, welche Bereiche Ihres Oberkörpers und Bauches sich im Augenblick mehr bewegen und welche weniger. Drehen Sie spaßeshalber ruhig Ihre linke Hand um, sodass die Handfläche einmal nach oben und einmal nach unten zeigt. Wird auch davon Ihr Atemgeschehen beeinflusst?

Legen Sie Ihren linken Arm dann wieder über Ihren Kopf auf den Boden, aber diesmal so, dass sich die Hände nicht berühren. In dieser Position (wenn also beide Arme über Ihrem Kopf auf dem Boden liegen) atmen Sie einige Male ein und aus und stellen fest, an welcher Seite Ihr Brustkorb offener ist. Dann lassen Sie Ihren linken Arm genau so liegen und legen den rechten neben Ihren Oberkörper. Beobachten Sie auch diesmal, auf welche Weise diese asymmetrische Stellung Ihr Atemgeschehen prägt. Mehrere Atemzüge lang beobachten Sie, welche Bauch- und Brustbereiche sich am meisten zu bewegen scheinen und welche am wenigsten. Experimentieren Sie auch diesmal wieder mit Ihrer Handfläche. Mal zeigt sie nach oben, mal nach unten. Verändert es irgendetwas an Ihrem Atem?

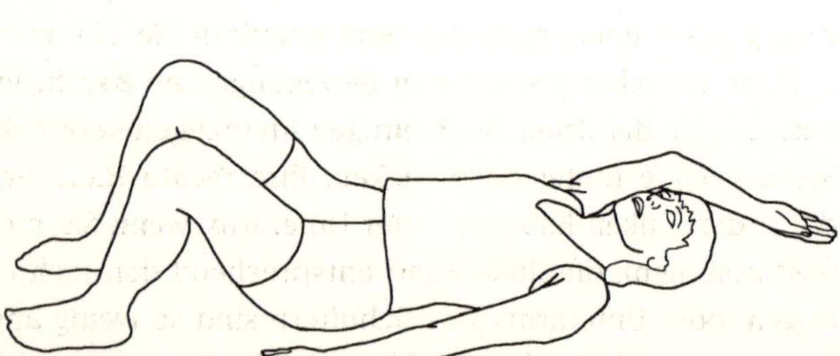

Abbildung 2.18
Arme entgegengesetzt

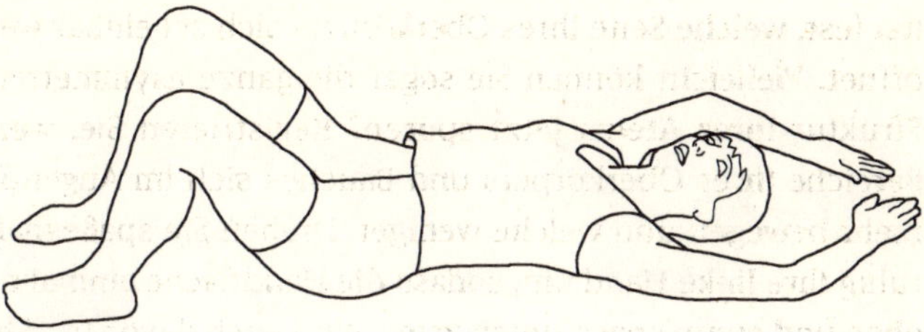

Abbildung 2.19
Arme über dem Kopf

Schließlich legen Sie auch Ihren rechten Arm wieder über dem Kopf auf dem Boden, ohne dass sich die Hände berühren, und achten einfach nur auf die Bewegungen in Brust und Bauch (siehe Abbildung 2.19). Fühlt sich jetzt im Vergleich zum Anfang irgendetwas anders an? Verweilen Sie einige Atemzüge lang in dieser Stellung, wobei sich Brust und Bauch so weit wie möglich entspannen.

Verschränken Sie die Arme hinter dem Rücken

Stellen oder setzen Sie sich hin, die Arme entspannt neben dem Körper oder im Schoß, und erspüren Sie alle mit dem Atem in Beziehung stehenden Bewegungen im Bauch, im Rücken und in der Brust. Nach einigen Atemzügen verschränken Sie die Arme hinter dem Rücken. Ihre rechte Hand ergreift dabei den linken Ellbogen (oder Unterarm, wenn Sie nicht so weit kommen), die linke Hand entsprechend den rechten Ellbogen (oder Unterarm). Ihre Schultern sind so wenig angehoben wie es geht (siehe Abbildung 2.20). Atmen Sie in dieser Haltung ein paar Mal ein und aus und achten darauf, ob sich Ihr Brustkorb beim Einatmen ausdehnt und beim Ausatmen

Abbildung 2.20
Verschränken der Arme hinter dem Rücken

wieder einzieht. Wie sieht es mit Ihrem Bauch und dem Rücken aus? Unterstützt oder behindert diese neue Stellung die Bewegungen Ihres Atems in diesen Bereichen? Dann nehmen Ihre Hände wieder ihre Ausgangsposition ein und Sie achten ein weiteres Mal auf Ihren Atem und darauf, wie er sich verändert.

Atmen Sie auf O ein

Stellen Sie sich, während Sie durch die Nase einatmen, vor, dass Sie den Vokal O (wie in »Ort«) bilden. Bringen Sie ihn beim Ausatmen durch den Mund leise hervor. Hören Sie ihn beim Einatmen innerlich und akustisch beim Ausatmen. Gehen Sie auf diese Weise ein paar vollständige Atemzüge lang vor. Strengen Sie sich nicht an. Versuchen Sie nicht, Rücken und Brustkorb absichtlich zu öffnen. Überlassen Sie alles dem inneren Laut. Lassen Sie den Einatem, Ihrem inneren O-Laut folgend, ganz von allein kommen. Nehmen Sie wahr, wie Ihnen der innere Laut dabei hilft, die Geräumigkeit in Ihrer Brust zu spüren. Spüren Sie, wie sich beim Einatmen die Brust nach vorn und der Rücken nach hinten ausdehnen. Arbeiten Sie aber bitte nicht länger als neun Atemzüge mit dem Ton, da Sie sonst ein Gefühl von Abgeschnittensein und Desorientierung bekommen könnten. Achten Sie am Schluss der Übung noch einmal genau auf Ihren Atem.

Hand und Knie heben

Hand und Knie heben gehört ebenfalls zu meinen liebsten Qi Gong-Übungen. Sie wirkt auf Nacken, Brust, Rücken, Wirbelsäule und Schultern gleichzeitig und hilft, Spannungen in diesen Bereichen zu lösen. Da man bei dieser Übung auf einem Bein stehen muss, unterstützt sie auch den Gleichgewichtssinn und hilft einem bei der Erdung. Wenn Sie aus gesundheitlichen Gründen nicht auf einem Bein stehen können, lassen Sie die Bewegung der Beine einfach weg und verteilen Ihr Körpergewicht gleichmäßig auf beide Füße.

Stellen Sie sich hin, die Füße etwa hüftbreit auseinander. Beide Hände sind zu einer weichen Faust geballt und liegen bequem auf beiden Körperseiten in der Taille, das Innere der Handgelenke zeigt nach oben (siehe Abbildung 2.21 a). Ihr Körpergewicht ist gleichmäßig auf beide Füße verteilt. Spüren Sie Ihren Atem, besonders im Rücken und im Brustkorb.

Verlagern Sie jetzt Ihr Gewicht auf den linken Fuß, wobei sich Ihre Fäuste langsam öffnen. Heben Sie Ihre linke Handfläche mit den Fingern nach hinten gen Himmel, während Sie die rechte, deren Finger nach vorn zeigen, in Richtung Boden drücken. Das rechte Knie wird so weit angehoben, dass der

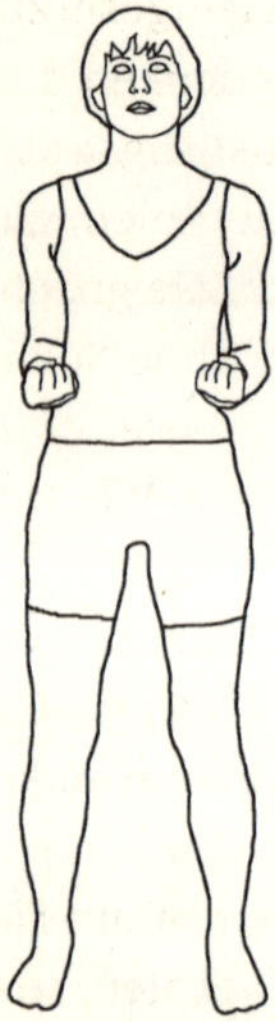

Abbildung 2.21 a
Arm und Knie heben: Ausgangsstellung der Hände

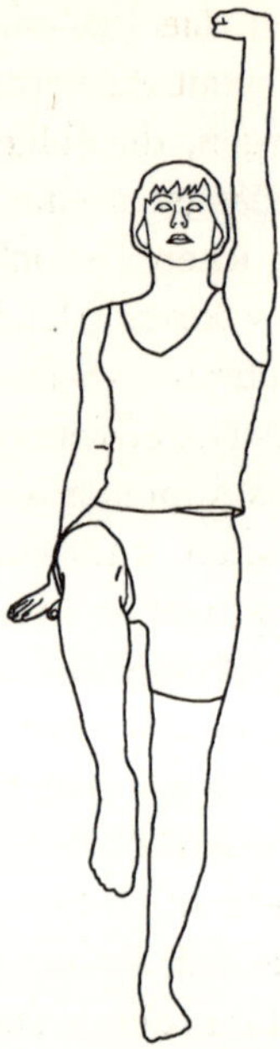

Abbildung 2.21 b
Arm und Knie heben: Stellung von Armen und Beinen

Oberschenkel parallel zum Boden ist (siehe Abbildung 2.21 b). Zu all diesen Bewegungen setzen Sie genau in dem Moment an, in dem Sie einzuatmen beginnen, und schließen sie ab, wenn Sie auch mit Einatmen fertig sind. Im Zuge des Ausatmens kehren Sie allmählich in Ihre Ausgangsposition zurück. Wechseln Sie dann beim Einatmen die Seiten. Mit anderen Worten: Sie verlagern Ihr Gewicht auf Ihren rechten Fuß, heben die rechte Hand gen Himmel, heben Ihr linkes Knie an, drücken die linke Hand in Richtung Boden – alles schön synchronisiert.

Wiederholen Sie die ganze Übung mindestens dreimal. Wenn Sie sich mit ihr vertraut gemacht haben, können Sie, wenn Sie mögen, die folgende Kopfbewegung hinzufügen: Während Sie langsam eine Hand und das entgegengesetzte Knie heben, gucken Sie leicht nach oben. Und Sie senken den Kopf wieder, während Hand und Bein in ihre Ausgangsposition zurückkehren. Wenn Sie die Übung nun wiederholen, gucken Sie jedes Mal etwas höher, bis Sie schließlich die größte Bewegung des Kopfes erreicht haben, die Ihnen ohne Spannungen in Nacken und Wirbelsäule möglich ist. Diese Stufe sollten Sie nach etwa drei weiteren vollständigen Wiederholungen der Übung erreicht haben. Wenn Ihnen zu irgendeinem Zeitpunkt schwindlig wird, hören Sie sofort auf, setzen sich hin und ruhen sich aus. Und wenn es zu schwierig für Sie ist, brauchen Sie die Bewegung des Kopfes überhaupt nicht erst mitzumachen.

Nehmen Sie sich für diese Übung genügend Zeit. Wenn Sie sich wohl mit ihr fühlen, können Sie mehr darauf achten, wie sich Ihr Atem auf jeder Etappe anfühlt. Nehmen Sie zur Kenntnis, ob sich die eine oder die andere Seite Ihres Rückens, Ihrer Brust oder des Brustkorbs bei den Bewegungen mehr öffnet oder schließt. Danach überprüfen Sie ein weiteres Mal Ihren Atem. Inwiefern hat er sich jetzt verändert?

Überall zugleich atmen

Und nun atmen Sie wieder in den Bauch, die untere Rückenpartie, in den Brustkorb und in den Rücken – aber alles auf einmal. Sie können dies im Sitzen oder im Stehen tun. Spüren Sie beim Atmen alle Bewegungen in diesen Körperbereichen. Visualisieren Sie einen Ballon oder einen Energieball in Ihrem Bauch, der sich beim Einatmen aufbläst und beim Ausatmen wieder schrumpft. Lassen Sie die Visualisierung nach einigen Atemzügen sein und spüren nur noch, wie sich Teile Ihres Körpers beim Ein- und Ausatmen öffnen beziehungsweise schließen. Genießen Sie dieses größere Raumgreifen beim Atmen.

Arbeiten Sie abwechselnd mit den Vokalen U, E und O

Um dieses Gefühl der Geräumigkeit sogar noch zu vertiefen, atmen Sie ein paar Mal auf U ein und aus. Dabei konzentrieren Sie sich auf Ihren Bauch und den unteren Rückenbereich. Danach atmen Sie auf E ein und aus, wobei Sie auf beide Flanken gleichzeitig achten. Dann atmen Sie auf O ein und aus, konzentrieren sich dabei auf Brustkorb und Rücken. Absolvieren Sie diesen Zyklus neunmal, wobei Sie Ihre Aufmerksamkeit jeweils auf Bauch/unteren Rücken, Rippen beziehungsweise Brust/Rücken und so weiter richten. Lassen Sie die Töne dann sein und schauen einige Atemzüge lang, ob Sie spüren können, wie sich Ihr Bauch, die Flanken, Ihre Brust und der Rücken ganz mühelos ausdehnen, wenn Sie einatmen, und wieder schmaler werden, während Sie ausatmen.

Fertigmachen zum Aufhören

Bevor Sie ganz aufhören, richten Sie Ihre Aufmerksamkeit noch einmal auf die Luft, wie sie beim Einatmen von Ihrer Nasenspitze aus den ganzen Weg bis zur Lunge nimmt und beim Ausatmen in umgekehrter Richtung zur Nase zurückkehrt. Spüren Sie ihre Temperatur auf den verschiedenen Stationen der Reise. Widmen Sie sich diesen Empfindungen mehrere vollständige Atemzüge lang.

Danach nehmen Sie einige Minuten lang wahr, wie das ganze umgebende Gewebe mit all seinen Zellen, besonders aber das untere Energiezentrum (Hara oder unteres Tan-tien) unterhalb des Nabels die Energie aus Ihrem Brust- und Bauchbereich aufnimmt, zumindest teilweise. Nehmen Sie sich dann noch einmal als Ganzes wahr, wie Sie so dasitzen. Beobachten, spüren und fühlen Sie alles, was in Ihnen vorgeht, bevor Sie die Übung beenden. Dann öffnen Sie die Augen, dehnen sich noch einige Sekunden lang und stehen auf.

Treten Sie auch den Rest des Tages immer mal wieder in Kontakt mit Ihren Atemräumen

Um größtmöglichen Nutzen aus diesen Übungen zu ziehen, ist es hilfreich, auch den Rest des Tages über alle ein, zwei Stunden für eine Minute oder so Kontakt zu Ihrem Bauch, zu den Rippen, zum Rücken und zur Brust aufzunehmen und festzustellen, wie sie sich anfühlen. Ob diese Körperpartien verspannt sind oder ganz weich und geschmeidig. Stellen Sie fest, ob sie sich beim Einatmen ausdehnen und beim Ausatmen einziehen. Es kommt dabei nicht darauf an, wie groß die Bewegung ist, sondern nur darauf, ob die entsprechenden Bereiche aktiv ins Atemgeschehen einbezogen sind. Mit Hilfe Ihres »Körpergedächtnisses« vergleichen Sie, wie sich Bauch, Rippen, Rücken und Brust gegenüber dem Übungszeitraum jetzt anfühlen. Analysieren Sie das Ergebnis nicht, nehmen Sie einfach alle Unterschiede bewusst wahr. Tun Sie dann, was immer Sie zu tun haben.

Arbeit an den Atemblockaden

Wenn Sie die Übungen einige Wochen regelmäßig durchgeführt haben, wissen Sie ziemlich genau, welche Körperteile bei Ihnen nicht vollständig in den Atemprozess integriert sind. Dann können Sie sich mit Hilfe der Techniken, die in diesem Buch vorgestellt werden, diesen Bereichen eingehender widmen und versuchen, sie zu öffnen und zu entspannen. Vielleicht möchten Sie auch mit einem Qi Gong- oder Yoga-Kurs beginnen, falls Sie es noch nicht getan haben, um an Ihren jeweiligen Blockaden zu arbeiten. Wenn diese besonders lästig sind, kann es klug sein, sich darüber hinaus der Hilfe eines Heilpraktikers, Atemtherapeuten, Osteopathen, Feldenkrais-Lehrers oder dergleichen zu versichern. Manchmal braucht man ganz konkrete Unterstützung durch einen erfahrenen Praktiker, wenn man wirkliche Veränderungen durchsetzen möchte.

Drittes Kapitel

Der metaphysische Atem

Überblick

Nun, da wir einige grundlegende Methoden der Atemarbeit sowie eine Vielzahl beispielhafter Übungen kennen gelernt haben, ist es wichtig, uns auch den größeren metaphorischen und metaphysischen Dimensionen des Atems zuzuwenden. Auf einer Reise durch diese Dimensionen werden wir einigen der Voraussetzungen für eine wirkliche Veränderung nicht nur der Atmung, sondern auch unseres ganzen Seins, Bewusstseins und Lebens begegnen.

Alle großen spirituellen Traditionen kennen eine Wissenschaft des Atems. In den meisten wird das Wort *Atem* mit dem Unbekannten, dem Geist, dem Unendlichen in Verbindung gebracht, mit der feinen höheren Energie, die uns Leben einhaucht und am Leben erhält. Unser Atem hat seinen Ursprung in der Quelle allen Lebens, wie immer wir diese auch bezeichnen mögen. So haucht Gott zum Beispiel in der Genesis dem Menschen den »Odem des Lebens« ein. Unser Einatmen, die Inspiration, steht für Erleuchtung oder Schöpfung. Und das Ausatmen für Verfall beziehungsweise Tod. Jeder Atemzug, den wir nehmen, ist eine beglückende Erinnerung an das große Mysterium von Geburt und Tod, an die unergründliche Energie, die uns am Leben erhält und befähigt, uns als Individuum in Raum und Zeit zu entfalten.

In fast allen großen Traditionen wird der Atem mit irgendeiner grundlegenden Schwingung oder Energie gleichgesetzt – einer Energie, die für Gesundung und spirituelle Entwicklung genutzt werden kann. Diese Atemenergie findet sich in Begriffen wieder wie Chi (China), Prana (Indien), Baraka (im Islam), Pneuma (im alten Griechenland) oder Ruach (im Hebräischen) und wird nicht nur als die Grundlage unseres Seins auf dieser Erde betrachtet, sondern auch als das wesentliche Bindeglied zwischen Körper, Geist und Seele. In einigen Traditionen wie etwa dem Taoismus, aber auch bei Gurdjieff heißt es sogar, man könne lernen, der Atemluft bewusst höhere Energien zu entnehmen und diese für Gesunderhaltung und Heilung, aber auch für die innere Alchemie, selbst Unsterblichkeit zu nutzen. Bei dieser Gewinnung höherer Energien aus der Atemluft geht es hauptsächlich um die Macht unserer Absichten und um unsere Fähigkeit, dem Atem ohne irgendwelche Eingriffe oder Manipulationen bewusst zu folgen.

In letzter Zeit nimmt auch die Medizin zunehmend Kenntnis von den metaphysischen Dimensionen des Atems. So schreibt zum Beispiel Len Saputo, M.D., in seinem Buch *Boosting Immunity* sehr zu Recht: »Atmen ist viel mehr als ein rein mechanischer Akt. Heutzutage besteht ein wachsendes Interesse am Zusammenhang von Atmung und Gesundheit sowie spiritueller Entwicklung.

Alle alten, traditionellen Schulen des Heilens betrachten den Atem als eine Quelle von Lebensenergie, die dem Körper Heilung bringt. Nicht nur im Yoga und Ayurveda, sondern auch im Taoismus sowie im Zen- und tibetischen Buddhismus und anderen Traditionen stellt der Einsatz des Atems einen Hauptbestandteil der Praxis dar. Heutzutage geben sich viele Mediziner große Mühe, diese Atempraktiken wiederzubeleben. Dabei geht es um tiefere Entspannung, bessere Selbstwahrnehmung und Stressbewältigung, um mehr Gesundheit und Ganzheit.«[1]

Wenn wir einige der gewaltigen metaphysischen Dimensionen des Atems erörtern wollen, kommen wir nicht an der Tatsache vorbei, dass heutzutage viele von uns auf eine eingeschränkte und blockierte Art und Weise atmen, die unseres Geburtsrechts, dem uns innewohnenden Potenzial unwürdig ist. Dies ist nicht nur der körperlichen Gesundheit abträglich, sondern auch dem emotionalen, geistigen und seelischen Wohlbefinden. Aus den verschiedenen Traditionen wissen wir jedoch – und viele haben es sogar schon selbst erlebt –, dass es auch noch eine andere Art zu atmen gibt – ich nenne sie das »grenzenlose Atmen« –, einen Atem, der belebend wirkt und uns auf dem Weg der Selbsterkenntnis und -veränderung unterstützt.

Durch nachhaltige Selbstwahrnehmung und inneres Gewahrsein werden wir herausfinden, dass der Atem tatsächlich weit über das hinausgeht, was wir normalerweise als rein körperlich erachten, also Anatomie und Physiologie, und in unterschiedlichem Maße alle Aspekte unserer selbst berührt: die körperlichen ebenso wie die emotionalen, geistigen und spirituellen.

Auch werden wir feststellen, dass die Art, in der wir atmen, Hand in Hand geht mit der Art, in der wir unser Leben führen. Ein grundsätzlich verzerrter, blockierter oder unharmonischer Atem, ein Atem also, der in Bezug auf das uns innewohnende Potenzial nicht so authentisch ist, wie er sein könnte, spiegelt ein verzerrtes, blockiertes oder unharmonisches Leben wider – und wirkt zugleich daran mit.

Ein gutes Beispiel dafür ist die hastige Atmung überwiegend im oberen Brustbereich, die in unseren stressigen Zeiten so weit verbreitet ist. Karlfried Graf von Dürckheim zufolge reflektiert eine solche Atemweise unser »klammriges, auf Selbstschutz bedachtes Ego« und stellt »eine Unterdrückung unseres essenziellen Seins« dar.[2] Der enge Panzer unseres Egos, unser rigides und verzerrtes Selbstbild, schnürt den Körper ein, erstickt unsere Gefühle und Intuitionen und behindert den lebensnotwendigen Kontakt zu uns selbst und zu anderen Menschen. Es versperrt uns den Zugang zu den himmlischen und irdischen Energien – die uns wachsen und gedeihen lassen.

Wie unser Selbstbild den Atem beeinflusst

Jeder hat ein Selbstbild. Jeder hat eine subjektive Identität, die er sich im Laufe der Zeit aus Gedanken, Gefühlen, Empfindungen, Haltungen und Bewegungen zusammengezimmert hat. Bei vielen von uns ist das Selbstbild – das auch die bewussten und unbewussten sinnlichen, emotionalen und geistigen Einstellungen umfasst, die wir uns selbst und anderen entgegenbringen – jedoch extrem eng und hat weder Ähnlichkeit mit dem Bild, das sich andere von uns machen, noch mit dem uns angeborenen Potenzial. Das Ergebnis ist, dass die meisten von uns ein verkümmertes Scheinleben führen, das nur einen winzigen Teil dessen ausdrückt, was wir in Wirklichkeit sind oder sein können.

Unser Selbstbild – zu dem auch Eitelkeit, Selbstverliebtheit, ein geringes Selbstbewusstsein, Unsicherheit und so weiter gehören – hat gewaltigen Einfluss auf die Art und Weise, in der wir leben und atmen. Die Atmung, die »die Natur für uns vorgesehen hat«, wie es Dürckheim ausdrückt, soll sich nicht in irgendeinem Körperteil festsetzen. Sie soll uns mit ihren verschiedenen Wellen, dem Pulsieren von Energie und Bewegung ganz umfangen. Wenn wir in wahrer Harmonie mit uns selbst leben, entspringen diese Wellen, rührt das Pulsieren aus unserem eigentlichen Zentrum tief im Bauch und strahlt von dort in den ganzen Körper aus. Die Ausdehnung der Atemräume im Bauch, Rücken und Brustkorb beim Einatmen, mag sie auch noch so gering sein, und ihr Zusammenziehen beim Ausatmen helfen dem Zwerchfell, seine ganze Beweglichkeit nach unten beim Einatmen und beim Ausatmen nach oben frei und ungehindert zu nutzen. Leider steht die verzerrte, eingeengte Art und Weise, uns zu sehen und zu leben, diesem abwechselnden Ausdehnen und Sichzusammenziehen häufig im Weg.

In unseren Zwanzigern oder Dreißigern, wenn wir vor Energie noch schier übersprudeln, bemerken wir die ungünstigen Auswirkungen dieser Einschränkungen vielleicht noch nicht. Das sieht schon ganz anders aus, sowie wir auf die vierzig oder fünfzig zugehen, wenn unser Panzer immer enger und der Atem immer flacher wird, wenn Lebenskraft und Regenerationsvermögen nachzulassen beginnen.

Zu enge Kleidung

Unser Selbstbild beeinflusst das Atemgeschehen in vielerlei Hinsicht, auch wenn es uns selten bewusst ist. Zum Beispiel die Kleidung. Viele unserer Anziehsachen, insbesondere die knallengen Klamotten, die wir tragen, um unsere äußeren Vorzüge ins rechte Licht zu rücken oder einen hohen Mode-IQ unter Beweis zu stellen, beeinträchtigen unsere Atmung erheblich. Enge, panzerartige Garderobe wirkt auf die Gefühlsnerven und Dehnungsrezeptoren in unseren Muskeln, Organen, Gelenken und in der Haut ein, welche daraufhin Botschaften ans Gehirn und Nervensystem aussenden, Bewegungen bitte einzuschränken.

So können zum Beispiel extrem enge Jeans, so sexy sie auch manchmal sein mögen, die natürlichen Bewegungen von Becken und unterer Rückenpartie unterminieren und damit nicht nur den natürlichen Atemfluss beeinträchtigen, sondern sogar die Flexibilität und Beweglichkeit in den ganz praktischen Alltagsdingen. Ein zu enger BH kann die Bewegungsfreiheit im mittleren Brust- und Rückenbereich einschränken und zusammen mit zu knapp sitzenden Jeans, Slips oder Stretchunterwäsche dazu führen, dass der Atem in die Schultern und den oberen Brustbereich gequetscht wird. Auch die engen Gürtel, die sich manche Männer umschnallen, um ihre

Bäuche unter Kontrolle zu haben, halten das Zwerchfell und die anderen Atemmuskeln davon ab, sich so zu bewegen, wie es die Natur vorgesehen hat. Hautenge Hemden und Blusen geben Signale ans Nervensystem, die Bewegungen von Brustkorb und Rücken beim Atmen einzuschränken. Vielleicht hatten Sie ja auch schon einmal ein Hemd oder ein Jackett an, das so eng war, dass Sie sich kaum zu atmen trauten vor lauter Angst, es könne platzen.

Auch Schuhe können erheblichen Einfluss auf das Atemgeschehen haben. Die hochhackigen Pumps, die manche Frauen anziehen, um ihre Beine optisch zu verschlanken, richten in Wirklichkeit Fußgelenke, Waden, Oberschenkel und Becken so unnatürlich aus, dass die gesamte Koordinierung von Wirbelsäule, Bauch und Zwerchfell aus dem Gleichgewicht kommt, was das richtige Atmen extrem schwierig gestaltet. High-heels, Plateausohlen, aber auch die modisch schmalen Schuhe, die manche Männer tragen, machen es praktisch unmöglich, geerdet und entspannt zu gehen. Dies verhärtet alle Muskeln, Sehnen und Bänder im Körper, verschiebt künstlich den Schwerpunkt vom Unterbauch hoch in den oberen Brustbereich und sorgt mithin für einen schnellen, kaum spürbaren, blockierten Atem.

Selbstbild und Selbstdarstellung

Genauso wichtig wie die unmittelbar körperliche Wirkung unserer Kleidung ist die psychologische. Zwangsläufig ist unser Selbstbild mit der individuellen Art und Weise verknüpft, in der wir versuchen, uns der Welt zu präsentieren. Die Kleidung, die wir tragen, die Frisur, die wir uns machen lassen, unsere Möbel, das Auto, für das wir uns entscheiden, all das ist direkt oder indirekt Ausdruck unseres Selbstbilds, wie Werbeprofis und ihre Kunden genau wissen (schließlich leben sie davon). Weniger bekannt ist jedoch, dass es möglich ist, tieferen Zugang zu unserer inneren Welt zu erhalten und auf diese Weise einige der zahlreichen Einflüsse auf unser Atemgeschehen deutlicher zu erkennen, indem man ein wenig mit diesen äußeren Manifestationen unseres Selbstbilds experimentiert.

Lassen Sie das nächste Mal, wenn Sie eine Modeboutique betreten, alle Kleidungsstücke links liegen, von denen Sie sich angezogen fühlen, und probieren stattdessen einmal etwas aus, was so gar nicht »Ihr Stil« ist. Ziehen Sie so ein komplettes neues Outfit an und betrachten sich intensiv im Spiegel. Sie können es auch umgekehrt machen. Probieren Sie einmal eine Garderobe an, die Sie gern hätten, die Ihnen aber zu teuer ist. Achten Sie in beiden Fällen ganz genau auf Ihre inneren Reaktionen, während Sie sich im Spiegel sehen. Nehmen Sie Ihren Atem wahr. Hat er sich irgendwie verändert? Die ganz Abenteuerlustigen unter Ihnen können sogar ein Outfit erwerben, das überhaupt nicht »ihr Stil« ist, und es zu einem wichtigen Anlass tragen.

Experimente dieser Art machen deutlich, dass wir alle an einer ganz bestimmten Art »kleben«, uns nicht nur der Welt, sondern auch, was vielleicht noch wichtiger ist, uns selbst gegenüber zu präsentieren. Wir haben uns so daran gewöhnt, uns auf eine ganz bestimmte Art zu sehen, dass die verschiedenen geistigen und emotionalen Haltungen, die unserem Selbstbild zugrunde liegen, in dem Moment sichtbarer werden, in dem wir etwas an dieser Art verändern, und sei es auch nur für einen ganz kurzen Augenblick. Wenn unser Bewusstsein derart geschärft ist, können wir damit beginnen, einige der inneren psychischen Zwänge, die auf unseren Atem einwirken, zu erkennen und loszulassen.

Die Düfte der Eitelkeit

Unserem Selbstbild haften auch Gerüche an, und diese Gerüche, ob sie nun von uns selbst stammen oder von unseren Mitmenschen, haben oft schädlichen Einfluss auf unser Atemgeschehen. Vor vielen Jahren habe ich mitten in San Francisco gearbeitet und viel Zeit in Büros verbracht. Ich erinnere mich noch genau an all die merkwürdigen, unangenehmen Mischungen gewöhnlicher und exotischer Parfums, Eau de Toilettes, Aftershaves, Haarshampoos und Deodorants in den Aufzügen und Büroräumen. Die Kakophonie der Düfte, die da auf mich einströmte, war oft so mächtig und gesundheitsschädlich, dass ich den Atem anhalten musste, um keine Grimasse zu schneiden oder gar würgen zu müssen. Und wenn ich den Atem nicht direkt anhielt, atmete ich instinktiv weniger und durch den Mund, um möglichst wenig von dem Gestank mitzubekommen. Zu der Zeit beschäftigte ich mich noch nicht intensiver mit den ganzen Themen, die mit gesundem Atmen zusammenhängen, und war mir auch meiner eigenen Atmung noch kaum bewusst. Trotzdem erinnere ich mich noch genau an diese Erfahrungen und auch daran, dass andere Leute ähnliche Reaktionen an den Tag legten wie ich.

Damit wir uns nicht falsch verstehen: Natürlich kann auch ich Düfte genießen, besonders die vom Wind herbeigewehten Düfte des Meeres, der Blumen, der Bäume und des Grases, aber durchaus auch die subtile Andeutung eines ungewöhnlichen Parfums oder Räucherstäbchens. Aber all die starken Parfums, Aftershaves, Deodorants und anderen Duftspender, die wir oft benutzen, um unseren natürlichen Körpergeruch zu übertönen oder für andere Menschen attraktiver zu werden, passen selten zusammen, schon gar nicht in engen Räumen, in denen sich viele Menschen aufhalten. Und dann zünden manche Leute auch noch Kerzen an und erfüllen ihre Konferenzräume im

Namen von Spiritualität und Wohlbefinden mit dem Aroma exotischer Räucherstäbchen, von denen sie meinen, sie könnten uns in höhere Bewusstseinsebenen hieven. Das Ergebnis ist dann eine Mixtur aus brennendem Kerzenwachs, Räucherstäbchen, Parfums, Deodorants, Aftershaves und gutem altem Schweiß in verschiedenen Varianten, was zusammen mit den Abgasen der Großstadt eine gesundheitsschädigende Mischung ist, die sich nicht einmal das diabolischste Hirn hätte einfallen lassen können. Der Körper reagiert darauf instinktiv, indem er weniger atmet, den Atem anhält oder durch den Mund atmet, um den unangenehmen Gerüchen zu entgehen. Über einen längeren Zeitraum immer wiederholt, ist keine dieser instinktiven Reaktionen gut für den Atem.

Die Düfte der Eitelkeit haben aber sogar noch eine dunklere, gefährlichere Seite. Selbst die besten chemischen Duftstoffe können giftig sein. Um verstehen zu können, warum das so ist, muss man sich vor Augen führen, dass die Duftindustrie in den USA keiner gesetzlichen Regelung unterliegt. In dieser Branche wird das Geschäftsgeheimnis gesetzlich geschützt, und aufgrund dessen wissen die wenigsten, welche Stoffe ihre Duftwässerchen in Wirklichkeit enthalten. Schon ein kurzer Blick auf die zwanzig in künstlichen Duftstoffen meistverbreiteten Chemikalien verdeutlicht, dass sich viele davon auch in Benzin, Zigaretten und anderen gesundheitsgefährdenden Substanzen finden lassen. Diese Chemikalien werden mit einer ganzen Reihe von Erkrankungen in Zusammenhang gebracht, von Luftröhren- und Lungenreizung über Allergien und Asthma bis hin zu Krebs. Hören Sie also auf Ihren Körper, wenn Sie das nächste Mal feststellen, dass Sie in bestimmten Räumen und bei bestimmten Düften plötzlich flacher atmen oder ganz den Atem anhalten. Gehen Sie drohendem Unheil aus dem Weg. Und setzen Sie auf Ihren gesunden Menschenverstand. Wenn Sie unbedingt einen Duft verwenden müssen, entscheiden Sie sich möglichst für ein Naturprodukt und benutzen Sie es sparsam. Manche Menschen reagieren sogar auf natürliche Duftstoffe allergisch, und wenn viele Leute bei schlechter Belüftung auf engem Raum zusammenkommen, kann der Gestank, der sich aus den unterschiedlichen Duftnoten zusammensetzt, nicht nur unangenehm werden, sondern sogar schädlich.

Das Streben nach dem Waschbrettbauch

Unser Selbstbild prägt auch die Art und Weise, in der wir Sport treiben und trainieren und hat somit auch in dieser Hinsicht großen Einfluss auf unser Atemgeschehen. In unserer heutigen Gesellschaft ist beispielsweise der Waschbrettbauch längst zum heiligen Gral aller Fitness-Freaks geworden. Er ist allgegenwärtig: in Mode- und Fitnessmagazinen, im Fernsehen, auf der Filmleinwand und im Fitnessstudio. Wer keinen harten, flachen Bauch hat, wünscht sich einen, und wer über ein solches Prachtstück verfügt, betont es durch knallenge Klamotten, in denen es aufs Deutlichste zur Geltung kommt. Ich habe zwar leider keinen Waschbrettbauch, wenn ich aber einen hätte, würde ich alles dafür tun, dass er sich beim Ein- und Ausatmen ordentlich bewegen könnte.

Auf einem Seminar, das ich vor einigen Jahren in Südkalifornien besuchte und das von einem hoch renommierten Fitnesstrainer geleitet wurde, bekamen wir immer zu hören, wir sollten unbedingt den Bauch »einziehen«, um den Rücken beim Training zu unterstützen. Auch sollten wir tief Atem holen. Nun kann sich aber jeder, der auch nur ein bisschen auf sich achtet, leicht vorstellen, dass es so gut wie unmöglich ist, einen tiefen Atemzug zu nehmen, wenn man den Bauch fest eingezogen hat. Probieren Sie es aus, wenn Sie mir nicht glauben. Los! Ziehen Sie den Bauch ein und versuchen Sie dabei, tief einzuatmen. Aber strengen Sie sich bitte nicht zu sehr an, sonst könnten Sie sich ernsthaft verletzen.

Wenn Sie es jetzt versucht haben, konnten Sie sich davon überzeugen, und das ist auch richtig so, dass ein starker, gleichwohl weicher und geschmeidiger Bauch für gesundes, natürliches Atmen unerlässlich ist. Ihr Bauch muss sich beim Einatmen nach außen ausdehnen können, damit sich auch die inneren Organe nach vorn und unten bewegen können, was es dem Zwerchfell erlaubt, so weit herabzusinken, wie es sonst nicht möglich wäre. Diese Bewegung des Zwerchfells nach unten gestattet es der Lunge, sich vollständiger und wirksamer mit Luft zu füllen. Sorgen Sie unbedingt dafür, dass Sie einen starken Bauch bekommen, aber Härte ohne Weichheit ist keine Stärke. Und ein harter, flacher, unbeweglicher Bauch beziehungsweise allzu unflexible Muskeln in anderen Körperpartien können auf lange Sicht den Atemprozess und die Gesundheit gefährden.[3]

Selbstherrlichkeit, Eitelkeit und geringe Selbstachtung

Selbstherrlichkeit, Eitelkeit oder geringe Selbstachtung, oft Bestandteile unseres Selbstbildes, haben einen großen Einfluss auf unsere Atmung und liegen vielen der Verhaltensweisen zugrunde, mit denen wir uns präsentieren. Haben Sie jemals beobachtet, wie selbstherrliche, eitle Menschen durchs Leben gehen? Im Extremfall sieht es so aus, als wären sie ständig am Einatmen. Tendenziell sind sie ständig aggressiv unterwegs, angetrieben von einem vorgewölbten Rückgrat und permanent aufgeblähten, unflexiblen Brustkorb. Weil sie so wahnsinnig wichtig sind, fehlt es ihnen im allgemeinen an

Zentriertheit und Erdung; in puncto Verstand, Herz und Körper weisen sie häufig mangelnde Anpassungsfähigkeit auf.

Es kann auch ganz nützlich sein, einmal zu beobachten, wie Menschen durch die Welt gehen, die über eine besonders geringe Selbstachtung verfügen. Im Extremfall sieht es so aus, als wären sie ständig am Ausatmen. Sie neigen dazu, angstvoll und zögerlich durchs Leben zu gehen, geprägt von einem vorgereckten Kopf, der ihre gekrümmte Wirbelsäule und einen eingesunkenen Brustkorb quasi hinter sich herzieht. Unter der Knute der Schwerkraft haben sie alle Hände voll damit zu tun, wenigstens ein Mindestmaß an Haltung zu bewahren.

Kurz gesagt, geht Selbstherrlichkeit oft mit einem unbeweglich aufgeblähten Brustkorb einher, während Unsicherheit und geringe Selbstachtung häufig mit einem besonders eingesunkenen Brustkorb zusammen auftreten. (An dieser Stelle muss ich jedoch darauf hinweisen, dass viele Leute gelernt haben, ihre Wirbelsäule vorzuwölben und den Brustkorb militärisch aufzublasen, um ihre Probleme mit der Selbstachtung zu vertuschen, sodass die Beobachtungen nicht immer zutreffen.) In beiden Fällen ist das Zwerchfell in seiner Beweglichkeit beeinträchtigt, verlieren Bauch, Brustkorb und Rücken ihre Fähigkeit, sich mit dem Atem auszudehnen und wieder einzuziehen, was zur Folge hat, dass das verwendbare Lungenvolumen abnimmt.[4] Das Endergebnis ist schließlich ein gewöhnlich hastiges, flaches, ineffizientes Atemgeschehen.

Natürlich passen die meisten von uns nicht direkt in eine der beiden Kategorien. In Wirklichkeit legen die meisten sogar beides an den Tag, chronische Symptome sowohl von Selbstherrlichkeit als auch von mangelnder Selbstachtung. Viele Jahre lang gehörte ich selbst zu den Leuten, die mit dem Kopf voran eine gekrümmte Wirbelsäule und einen leicht eingesunkenen Brustkorb durchs Leben zerrten, wobei ich voller Eitelkeit versuchte, andere von meinen angeblichen Talenten zu überzeugen. Eine im Grunde paradoxe, aber keineswegs zufällige Mischung von geringer Selbstachtung und Selbstherrlichkeit (die dazu diente, meine Unsicherheit zu verdecken) ließ meine sinnliche Wahrnehmungsfähigkeit verkümmern, verspannte mir den Atem und hatte insgesamt eine verheerende Wirkung auf meine Gesundheit. Erst vor einigen Jahren habe ich damit begonnen, mir die Ereignisse und Emotionen bewusst zu machen, die meiner Situation zugrunde lagen. Außerdem habe ich mir praktische Hilfe bei Therapeuten gesucht, die mit der Feldenkraismethode, mit der Alexandertechnik arbeiten oder Chi-nei-tsang und Osteopathie praktizieren, um meine Körperhaltung zu verbessern und die Atemräume zu öffnen.

Natürlich erleben wir auf unserer Reise durchs Leben alle vorübergehende Phasen von Selbstherrlichkeit oder Unsicherheit. Das ist eine ganz normale Reaktion und per se kein Problem. Erst wenn solche Phasen chronisch werden, weil ihnen unerkannte tiefe Emotionen wie Angst, Unruhe, Trauer und Zorn zugrunde liegen und wir große Anstrengungen unternehmen, um zu verbergen, was uns eigentlich antreibt, beginnen Selbstherrlichkeit oder Unsicherheit unser ganzes Selbstbild zu bestimmen und bilden sich verschiedene einschränkende Muster in Körper, Geist und im Gefühlsleben heraus. Diese festen Muster, die Bauch, Brustkorb, Rücken und Wirbelsäule auf die eine oder andere Weise chronisch aufblähen, einschnüren oder immobilisieren und die auch die inneren Organe und das Gewebe in Mitleidenschaft ziehen, machen es uns praktisch unmöglich, ganz, natürlich und gesund zu leben und zu atmen.

Wenn wir unser Atemgeschehen – sowie die Wahrnehmungen von uns selbst und den anderen – nachhaltig befreien möchten und anfangen wollen, authentischer zu leben, müssen wir uns dieser Muster genau so bewusst werden wie der

Ängste, Traumata und dergleichen, von denen sie gespeist werden. Wir müssen lernen, unsere Selbstherrlichkeit und mangelnde Selbstachtung als das zu betrachten, was sie sind – Zwangsjacken, die unsere Wahrnehmungen, unsere Atmung und unsere Bewegungen durchs Leben einschränken und uns von der Lebenskraft abschneiden. Und wir müssen lernen, die Haltungen, welche diesen psychosomatischen Verhältnissen zugrunde liegen, auszuatmen und loszulassen.

Die Macht des Ausatmens und Loslassens

Viele, die mit dem Atem arbeiten, insbesondere wenn sie versuchen, das Atmen in Bezug auf den ganzen Menschen zu sehen, wissen, dass jede wirkliche, dauerhafte Veränderung des Atemgeschehens in der Regel damit beginnt, dass man lernt, besser auszuatmen. Dafür gibt es zahlreiche anatomische und physiologische Gründe, nicht zuletzt die auf der Hand liegende, wiewohl gern vergessene Tatsache, dass eine Lunge, welche noch viel alte Luft enthält, die nicht ausgeatmet wurde, kaum genügend Frischluft aufnehmen kann, die wir dringend brauchen, um optimal zu funktionieren und bei bester Gesundheit zu bleiben.

Davon abgesehen bekommen wir ein echtes Problem, wenn das Zwerchfell nicht stark und geschmeidig genug ist, um die verbrauchte Luft aus der Lunge auszustoßen. Wenn man dann versucht einzuatmen, sich so richtig anstrengt, um tief Atem zu holen, wie es manche Leute aus spirituellen oder gesundheitlichen Gründen gern tun, verschlimmert dies das Problem zusätzlich. Solche Anstrengungen, die für die meisten von uns bedeuten, die Atemmuskeln auf irgendeine Weise anzuspannen, schränken unsere Fähigkeit, vollständig einzuatmen, nur noch mehr ein. Das Geheimnis zur Stärkung des Zwerchfells liegt im Ausatmen. Ein probates Mittel sind zum Beispiel bestimmte Techniken der Stimmgebung wie Sprechgesang, Singen, lautes Zählen und so weiter.

Es gibt auch gewichtige »metaphysische« Gründe dafür, mit dem Ausatmen zu beginnen. »Vollständiges Ausatmen und Einatmen, loslassen und aufnehmen ist am besten möglich, wenn wir frei genug sind, das Bekannte ziehen zu lassen und das Unbekannte willkommen zu heißen. Bei vollständiger Ausatmung entleeren wir uns – nicht nur von überschüssigem Kohlendioxid, sondern auch von alten Spannungen, Vorstellungen, Haltungen, Erwartungen und Gefühlen. Bei vollständiger Einatmung, die sich nach einer vollständigen Ausatmung ganz von selbst einstellt, erneuern wir uns – nehmen nicht nur frische Luft (und Sauerstoff) auf, sondern auch frische Eindrücke von allem in uns und außerhalb.«[5] Wenn wir dem Leben genug Vertrauen schenken, um wirklich loslassen, vollständig ausatmen zu können, tritt die Einatmung frei und spontan ein. Und ist dies der Fall, so berührt sie einen größeren Teil unserer selbst – ohne irgendwelche Anstrengungen. In den meisten Fällen bringt jegliche Anstrengung, einzuatmen und aufzunehmen, die gesamte komplexe Maschinerie unseres Selbstbildes mit all seinen Verzerrungen ins Spiel, was nur für zusätzliche Spannungen und Blockaden sorgt.

Die eigentlichen Bemühungen sollten wir darauf verwenden herauszufinden, wie wir empfänglicher und offener für die Wahrheit in unserem Leben werden können. Offener zu werden setzt natürlich voraus, dass wir Wege finden, die vielen unnötigen Ängste, Beklemmungen, Erwartungen, Unterstellungen und Spannungen sehen, akzeptieren und loslassen können, die uns gegen die Wirklichkeit des gegenwärtigen Augenblicks abpuffern und die zu einem großen Teil aus der eingeengten, verzerrten Art und Weise resultieren, in der wir uns selbst und andere sehen. Wenn wir wirklich fähig werden, unser Selbstbild auszuatmen und einen Moment lang ganz leer zu sein, ohne in irgendeiner Form zusammenzubrechen, entdecken wir ein neues, authentischeres Gravitationszentrum und eine kreativere Art zu leben. Dann wird die Lebenskraft freigesetzt und verschafft uns neue, ehrlichere Wahrnehmungsmöglichkeiten und Lebenszwecke sowie Einatmungen und Handlungen, die frei und natürlich sind und der gegebenen Situation spontan entsprechen.

Und wann sollten wir damit anfangen, das Ausatmen unseres Selbstbildes zu üben? Dafür gibt es nur einen einzigen richtigen Zeitpunkt und der ist: jetzt sofort. »Jeder neue Augenblick bietet die beste aller Gelegenheiten.«

Übungen zum Ausatmen und Loslassen

Einer der ersten Schritte beim vollständigen Ausatmen besteht darin, dass wir uns der unnötigen physischen, emotionalen und mentalen Spannungen bewusst werden, die wir auf fast allen Gebieten unseres Lebens mit uns herumtragen, und zu begreifen, dass sich diese Spannungen zu einem überwiegenden Teil von dem zumeist verzerrten, illusorischen Bild herrühren, das wir von uns selbst haben. Das ist keine leichte Aufgabe, denn bei den meisten von uns sind diese Spannungen so tief in der Art und Weise, wie wir leben, verankert, dass wir sie als »normal« erachten, falls wir sie überhaupt wahrnehmen. Aber so »normal« sie in unserer heutigen Welt vielleicht auch sein mögen, natürlich sind sie bestimmt nicht. Sie haben einen sehr negativen Einfluss auf Atem, Gesundheit und geistiges Wohlbefinden.

Von einem spirituellen Standpunkt aus betrachtet, besteht eines der unvermeidlichen Ergebnisse dieser unnötigen Spannungen darin, unsere Beziehung zu »Himmel und Erde«, wie es die Taoisten ausdrücken würden, und zum Odem des Lebens zu untergraben. Um diese Beziehung wieder aufnehmen zu können, müssen wir bewusst wahrzunehmen lernen, dass wir fest mit der Erde verbunden sind. Wir müssen nicht nur zulassen, dass die Erde unter dem Einfluss der Schwerkraft unser gesamtes Körpergewicht trägt, sondern müssen auch die Last unseres Selbstbildes mit all seinen chronischen Ängsten, Sorgen, Beurteilungen, Unterstellungen, Erwartungen und Spannungen loslassen. Natürlich sind viele von uns schnell damit bei der Hand, so genannte rationale Gründe für den ganzen zusätzlichen psychischen Ballast zu finden, den wir mit uns herumschleppen. Für jeden, der sie hören mag, haben wir unsere Geschichten parat. Wenn wir jedoch einmal genauer hinschauen, werden wir bemerken, dass all diese Gründe und Geschichten nur dazu dienen, nicht wahrnehmen zu müssen, was wirklich in uns vorgeht.

Wie Sie im vierten Kapitel (bei der meditativen Übung »Die Zeit ausdehnen«) sehen werden, besteht eine der Hauptgrundlagen unseres Selbstbildes in der Vorstellung, die Zukunft sei irgendwie wichtiger als die Gegenwart. Wenn wir unsere Atmung jedoch grundsätzlich verändern wollen, müssen wir diese Haltung natürlich ablegen. Statt, angetrieben von unserer Identifikation mit der Schwungkraft unserer Ängste, Sorgen, Erwartungen, Wünsche und Unterstellungen, in die Zukunft zu rasen, müssen wir innerlich einen Moment innehalten, die Füße auf dem Boden spüren, unseren Schwerpunkt irgendwo ganz tief im Bauch wahrnehmen und uns ganz bewusst von der Erde tragen lassen. Wenn wir alle vier Bedingungen gleichzeitig erfüllen, wird sich der harte Griff, mit dem das Selbstbild unseren Atem gepackt hat, allmählich lockern; Gehirn- und Nerventätigkeit beginnen sich zu verlangsamen; unsere angespannten, chronisch hochgezogenen

Schultern fallen herab, ohne dass der Brustkorb einsinkt; die Wirbelsäule beginnt sich nach oben und unten zu verlängern; das Ausatmen wird länger und vollständiger; und das Einatmen wird einen immer größeren Teil von uns erfüllen und beleben.

Selbstverständlich gibt es zahlreiche verschiedene Techniken, den Prozess des Ausatmens zu verlangsamen und zu vervollständigen. Einige davon finden sich auch in diesem Buch. Damit diese Techniken das verzerrte oder illusorische Selbstbild, das uns ohnehin in den Klauen hat, aber nicht noch verstärken, müssen wir das Ausatmen und Loslassen oft auch ohne jegliche Technik erkunden. Wir müssen uns immer wieder darauf besinnen, auf den Ruf unseres essenziellen Seins, unserer Essenz zu hören und alles loszulassen, was uns davon abhält, diesen Ruf zu vernehmen – unsere Identifikation mit und unser Kleben an den gewohnten Gedanken und Emotionen, die sich aus unserem Selbstbild ergeben und es zementieren. Diese automatischen Ego-bezogenen Gedanken und Emotionen kommen vielleicht nie ganz zum Verschwinden, aber wir müssen sie nicht glauben oder uns in ihnen verlieren. Und schon gar nicht müssen wir sie mit unserer inneren Aufmerksamkeit und mit unserer Lebenskraft auch noch nähren.

Natürlich können und sollten wir das Loslassen üben, wann immer es uns einfällt. Aber auf den Ruf unseres essenziellen Seins zu hören übt man oft am besten morgens unmittelbar nach dem Aufwachen und abends vor dem Einschlafen. Zu diesen speziellen Zeiten, die metaphysisch ausgedrückt Geburt und Tod repräsentieren, vernehmen wir manchmal sowohl die grenzenlose Stille unseres inneren Seins als auch die unbeschränkte Energie des Atems und des Lebens, die sich in uns manifestiert – ohne all die Fixierungen, Erwartungen und Manipulationen unseres Selbstbildes. Zu diesen speziellen

Zeiten können wir wahrhaftig lernen, »das Alte auszuatmen und das Neue einzuatmen«, wie es die Taoisten nennen. Zu diesen Zeiten erleben wir die Berührung des »metaphysischen Atems«, eines Atems, der über das Körperliche hinausgeht und uns für eine weitreichende Wahrnehmung unserer außerordentlichen Ganzheit offen macht.

Schultern und Füße

Diese einfache Übung kann ihnen helfen, Ihr Selbstbild häufiger in Aktion zu erleben, und gibt Ihnen in diesem Moment die Gelegenheit, es loszulassen. Sie ist auch sehr gut für die Atmung. Führen Sie die Übung aus, wann immer Sie daran denken.

Phase eins: Hauptsächlich geht es darum, dass Sie bei Ihren ganz alltäglichen Verrichtungen unter Ihren normalen Umständen, stressig oder nicht, immer wieder daran denken, die Schultern zu entspannen und nicht hochzuziehen. Wenn Sie plötzlich bemerken, dass Ihre Schultern angespannt oder hochgezogen sind, bringen Sie in Erfahrung, womit Sie in diesem Moment gerade identifiziert sind[6] und achten auf Ihren Atem, um herauszufinden, wo er sich abspielt. Welche geistige, emotionale oder andere psychische Last haben Sie zu tragen? Welche unnötigen Spannungen empfinden Sie? Sobald Sie genau spüren, was gerade los ist, lassen Sie die Schultern fallen. Gleichzeitig entlassen Sie Ihre Spannungen nach unten durch den ganzen Körper in die Erde.

Phase zwei: Wenn Sie diese Übung mit den Schultern einige Tage gemacht haben, können Sie sie so ergänzen: Nachdem Sie Ihre Schultern, den Atem und alle Spannungen wahrgenommen haben, spüren Sie Ihre Füße auf dem Boden beziehungsweise auf der Erde und entspannen sie. Sie nehmen wahr, dass sich Ihre Füße ausbreiten, in den Boden hineinwachsen. Die Entspannung in Ihren Füßen zieht Ihre Spannungen nach unten. Im Stehen spüren Sie, dass Ihr gesamtes Körpergewicht vom Boden oder von der Erde getragen wird. Wenn Sie auf einem Stuhl sitzen, spüren Sie, dass Ihr Körpergewicht von dem Stuhl, auf dem Sie sitzen, getragen wird, aber auch vom Boden unter Ihren Füßen. Wenn Sie Ihr Körpergewicht auf diese Weise spüren, so ermöglicht dies der Schwerkraft, Ihre Wirbelsäule langzuziehen und die Spannungen in Bauch, Rücken und Brustkorb loszulassen. Bemerken Sie, wie dies Ihren Atem beeinflusst, wie er freier und vollständiger wird und ohne irgendwelche Anstrengungen Bauch, Rücken und Brustkorb berührt. Bemerken Sie auch, dass Sie im Moment präsenter sind und alles, was Sie eben noch belastet hat, plötzlich aus einer neuen, weniger beunruhigenden Perspektive sehen.

Phase drei: Probieren Sie die Übung bei einem mindestens fünfzehnminütigen täglichen Spaziergang im Park, Garten oder auf der Straße. Das Entscheidende dabei ist, dass Sie sich Zeit nehmen und beim Gehen Ihre Schultern und Füße richtig wahrnehmen und entspannen. Achten Sie auf die Luft, auf die Temperatur, mit der sie den ganzen Weg bis zur Lunge zurücklegt. Lauschen Sie auf alles, was in Ihnen und um Sie herum vorgeht, während Sie ganz bewusst die Identifikation mit Ihren gewohnheitsmäßigen Gedanken und Gefühlen sowie den Sorgen und Beschäftigungen, die sie repräsentieren, ablegen. Nehmen Sie wahr, wie sich Ihr Atem verändert, während Sie immer tiefer in die Gegenwart eindringen.

Ausatmung verlängern und die Lunge revitalisieren

Von dieser Übung, die ich als Teil der taoistischen Sechs Heilenden Laute oder Ausatmungen kennen gelernt habe, heißt es im Taoismus, sie sei hilfreich bei Erkältungen, Husten und Verstopfung und helfe auch, die Energie von Trauer und Traurigkeit in die Energie des Mutes zu verwandeln. Von verschiedenen Atemtherapeuten und -lehrern wird sie angewandt, um das Ausatmen zu verlängern und volleres, freieres Einatmen anzuregen. Es ist eine tolle Übung für jeden, der vollständiger und natürlicher atmen möchte – und versteht, dass authentisches Atmen weniger eine Frage des Tuns als des Zulassens ist, es also darum geht, sich von innen atmen zu lassen.

In einer sitzenden oder stehenden aufrechten Position atmen Sie sanft und natürlich durch die Nase ein. Dann atmen Sie mit einem pfeifenden S-Laut (SSSSS) aus, zischend wie wenn Sie Dampf aus der Heizung lassen. Diesen Laut geben Sie konstant so lang von sich, bis Sie nur noch etwa zehn Prozent Luft haben. Den Rest atmen Sie langsam durch den Mund aus, bis sich der nächste Atemzug ganz von selbst einstellt. (Vergewissern Sie sich, dass Sie ausschließlich durch die Nase einatmen.)

Achten Sie beim Ausatmen darauf, dass der S-Laut ganz langsam und gleichmäßig kommt, und hören Sie genau hin. Sehen Sie zu, dass er während des gesamten Ausatmens stetig ist und immer von gleicher Intensität, ohne dass Sie Kraft aufwenden. Wenn Sie diese Übung zum ersten Mal machen, atmen Sie nur bei jedem zweiten Atemzug auf S aus. Achten Sie dann darauf, wie sich der Einatem von selbst einstellt. Atmen Sie ganz natürlich durch die Nase aus, lassen den Einatem kommen und atmen wieder auf S aus.

Sowie Sie hören, dass der Ton stetig und gleichmäßig ist, dürfen Sie die Übung über mehrere Atemzüge am Stück ausführen, ohne zwischendurch lautlos auszuatmen. Wenn Sie sich damit wohl fühlen, können Sie sie noch ergänzen: Wenn Sie auf den S-Laut ausatmen, nutzen Sie die Kraft Ihrer Intention, um alle Gedanken, Emotionen oder Einstellungen auszuatmen, die Sie im Moment von sich selbst abschotten. Sie können die Übung mehrmals am Tag bis zu fünf Minuten lang machen.

Legen Sie Ihre Selbstidentität ab

Atemübungen können auch für sich genommen einigen Nutzen bringen, sollten aber eigentlich von grundlegenden Veränderungen unserer inneren Einstellungen begleitet werden. Um lernen zu können, wie man loslässt, sich selbst ausatmet, müssen wir auf verschiedenerlei Weise üben. Hier ist eine Übung, die Sie beim Zubettgehen und morgens beim Aufstehen machen können und die sich gut in Ihre Alltagsroutine integrieren lässt.[7]

Wenn Sie sich vor dem Zubettgehen ausziehen, spüren Sie, dass Sie Ihre Selbstidentität, Ihre Vergangenheit und vermutliche Zukunft mit ablegen und froh und gern in das Unbekannte eintauchen. Legen Sie Ihre Gedanken, Emotionen, Sorgen und so weiter ab. Gehen Sie sowohl psychisch als auch physisch nackt ins Bett. (Wenn Sie nicht unbekleidet schlafen möchten, ziehen Sie wenigstens etwas an, das Sie tagsüber nicht getragen haben.) Wenn Sie unmittelbar vor dem Einschlafen im Bett liegen, gibt es weder Vergangenheit noch Zukunft; es gibt lediglich die Empfindung eines Menschenwesens, das atmet – in diesem Moment.

Wenn Sie morgens aufwachen, springen Sie nicht einfach mechanisch aus dem Bett, angetrieben von allem, was Sie tun zu müssen glauben. Bevor Sie die Augen öffnen und aufstehen, kehren Sie noch ein oder zwei Minuten lang zu dieser unbekannten Empfindung von sich selbst als atmendem Wesen, das jetzt, in diesem Moment, lebendig ist, zurück. Lauschen, empfinden, fühlen Sie. Vielleicht können Sie hören, dass tief in Ihrem Inneren die Frage »Wer bin ich?« aufsteigt.

Viertes Kapitel

Tiefer gehen – Praktiken und Meditationen zur Selbsterkundung

Überblick

Die Frage »Wer bin ich?« ist die ehrlichste, weitreichendste Frage, die wir uns stellen können, die Frage, die uns direkt mit dem Mysterium und dem Wunder des Atems und unserer ganzen Existenz konfrontiert. Und doch werden wir von Kindesbeinen an mit oberflächlichen Antworten auf diese Frage abgespeist, mit Antworten, welche die Frage ihrer Macht beraubt, uns zu erwecken – Antworten, die das Unbekannte im Leben leugnen. Oder, schlimmer noch, wir bekommen zu hören, diese Frage sei es nicht einmal wert, gestellt zu werden.

Die folgende Zusammenstellung von sechs Übungen und Meditationen wird Ihnen die Gelegenheit geben zu schauen, wie Ihnen der Atem helfen kann, tiefer in die Erkundung des Unbekannten einzudringen und herauszufinden, wer Sie wirklich sind. Sie bekommen die Chance, eine Beziehung nicht nur zu Körperteilen aufzubauen, deren Sie gewöhnlich nicht so gewahr sind, sondern auch zu den tieferen Ebenen Ihres Bewusstseins.

Einen gewaltigen ersten Schritt bei der Entdeckung Ihres natürlichen, authentischen Atems und der engen Beziehung Ihres Atemgeschehens zu allen Aspekten Ihres Lebens stellt das bewusste Atmen dar. Es geht dabei darum, dass Sie lernen, nach innen auf die feinen Bewegungen und Energien Ihrer Lebenskraft zu hören.

Die Sechs Heilenden Ausatmungen auf der Grundlage alter taoistischer Prinzipien werden Ihnen helfen, Kontakt zu Ihren inneren Organen aufzubauen. Die Übung wird Ihnen nicht nur dabei behilflich sein, Ihre Organe zu steuern und Ihre Emotionen bis zu einem gewissen Grad auszugleichen, sondern wirkt sich quasi nebenbei auch positiv auf den Atem aus, indem sie die Arbeit des Zwerchfells verbessert.

Der Lächelnde Atem ist eine wirksame Methode, einige Ihrer inneren Spannungen und Einstellungen wahrzunehmen und abzubauen und beginnen zu können, eine Empfindung der Leichtigkeit und der Geräumigkeit sowohl in den inneren Organen als auch im ganzen Leben zu bekommen.

Die Zeit ausdehnen stellt ein Gegengift gegen die Beschleunigung dar, die unsere stressige Zeit prägt, und zeigt Ihnen, dass der Atem dazu dienen kann, Ihr Empfinden des gegenwärtigen Moments auszudehnen.

Der Atem des Herzens wird Ihnen helfen, Ihr Atmen offener zu machen und eine grundlegende, von Herzen kommende Wertschätzung für das Wunder Ihres Lebens zu empfinden. Durch diese Wertschätzung für unser Leben, wie es ist, können wir lernen, das Grenzenlose zu erfahren.

Der Grenzenlose Atem wird Sie in dem Bestreben unterstützen, die Grenzen Ihres habituellen Selbstbildes, Ihrer Ich-Wahrnehmung, zu überschreiten und Ihr eigentliches, grenzenloses Wesen zu erfahren.

Bewusstes Atmen

Wie wir bereits wissen, besteht im Selbststudium die Grundlage jeglicher meditativen Atemarbeit im bewussten Atmen beziehungsweise Gewahrsein des Atems. Indem wir lernen, auf unseren Atem zu hören, seinen Bewegungen in uns ohne jedwede Manipulation bewusst zu folgen, nähern wir uns allmählich dem Unbekannten in uns selbst an – der wahren inneren Freiheit. Dem Atem zu folgen setzt voraus, dass wir innerlich zur Ruhe kommen und lernen, unserer selbst ohne Urteil oder Analyse gewärtig zu sein. Es setzt voraus, dass wir die Vorstellung aufgeben, uns zu kennen, und stattdessen in reiner Wahrnehmung und Aufnahmefähigkeit anwesend sind. Bei einer solchen Erkundung werden wir neue Dimensionen in uns erleben und die Beziehungen des Atmens zu unserem physischen, emotionalen, mentalen und spirituellen Leben in seiner ganzen Tiefe erleben.

Setzen Sie sich jetzt auf einen Stuhl oder ein Kissen. (Falls Sie die Übung im Stehen machen möchten, nehmen Sie bitte die Haltung ein, die im Anhang A unter »Bewusstes Stehen« beschrieben ist.) Wenn Sie nicht an einer Rückenerkrankung leiden, ist es besser, wenn Sie sich nicht anlehnen. Ihre Wirbelsäule sollte entspannt, aber aufrecht sein. Sie schließen die Augen und nehmen einfach wahr, wie Sie dasitzen. Rutschen Sie solange auf Ihren Sitzknochen vor und zurück, bis Sie eine bequeme, ausgewogene Haltung eingenommen haben. Lassen Sie sich nicht auf dem Steißbein nieder. Dieser Körperbereich ist voller Nerven und eines der wichtigsten Energiezentren. Darauf zu sitzen ist weder Ihrem Gewahrsein zuträglich noch Ihrer Gesundheit. Wenn sich Ihre Wirbelsäule während der Übung anspannt, rutschen Sie noch einmal sacht auf den Sitzknochen hin und her, bis sich Rückgrat und Wirbelsäule wieder entspannen.

Spüren Sie Ihren ganzen Körper

Wenn Sie eine bequeme, aufrechte Sitzposition gefunden haben, lassen Sie Ihre Gedanken und Gefühle zur Ruhe kommen. Sie sinken hinab wie Teeblätter in einer Tasse mit heißem Wasser. Dieses »innere zur Ruhe Kommen« geht besonders gut, wenn Sie Ihre Aufmerksamkeit zunehmend auf die Wahrnehmung Ihres ganzen Körpers richten. Beginnen Sie, sich Ihres Körpergewichts bewusst zu werden. Spüren Sie, wie der Stuhl oder Boden Ihr gesamtes Gewicht trägt.

Sowie Sie sich Ihres Gewichts richtig bewusst sind, versuchen Sie, einen möglichst großen Teil Ihrer Haut wahrzunehmen. Wenn Sie das Kribbeln, die Schwingungen Ihrer Haut empfinden, nehmen Sie die ganze Form, die äußere Struktur Ihres Körpers wahr, inklusive aller Spannungen, die darin herrschen.

Spüren Sie, wie Sie dasitzen, wie Ihr Bewegungs- und Organbewusstsein immer wacher wird. In dem Maße, in dem sich Ihre innere Sensibilität steigert, erleben Sie Ihre Wahrnehmung zunehmend als eine Art Substanz oder Energie, mittels derer Sie unmittelbar Eindrücke Ihres inneren und äußeren Lebens erhalten können.

Beziehen Sie Ihren Atem mit ein

Wenn sich Ihre innere Aufmerksamkeit stabilisiert und vergrößert hat, beziehen Sie den Atem in Ihr Bewusstsein ein. Folgen Sie Ihrem Atem – nicht in Gedanken, sondern mit Ihrer inneren, organischen Wahrnehmungs- und Empfindungsfähigkeit. Nehmen Sie alle Bewegungen und Empfindungen überall im Körper, die mit Ihrem Atem zusammenhängen, wahr. Gestatten Sie es sich, die Bewegungen des Ein- und Ausatmens, der Ausdehnung und des Zusammenziehens, aber auch jedwede Blockaden und Einschränkungen der Beweglichkeit im Rahmen der Gesamtempfindung Ihres Körpers wahrzunehmen. Stellen Sie fest, wie es diese Gesamtempfindung beeinflusst, wenn Sie sich Ihrer Atmung bewusst sind. Versuchen Sie nichts zu verändern. Üben Sie mindestens zehn Minuten lang so weiter.

Folgen Sie Ihrem Atem stufenweise ins Körperinnere

Und jetzt folgen Sie Ihrem Atem tiefer ins Innere. Bleiben Sie sich Ihres Atems beim Ein- und Ausatmen bewusst. Spüren Sie Temperatur und Schwingung der Luft, wie sie beim Einatmen von der Nasenspitze ausgehend in die Nasengänge eindringt und sie beim Ausatmen wieder verlässt. Konzentrieren Sie sich einige Atemzüge lang ausschließlich auf die Bewegungen der Luft in Ihrer Nase.

Spüren Sie dann Temperatur und Schwingung der Luft nicht nur in der Nase, sondern weiten Sie Ihre Aufmerksamkeit beim Ein- und Ausatmen auf Ihre Kehle aus. Nehmen Sie nach einigen Atemzügen wahr, wie die Luft von der Nasenspitze aus bis ans Ende der Luftröhre strömt. Spüren Sie nach einigen Atemzyklen dann Temperatur und Schwingung der Luft beim Einatmen auf dem ganzen Weg von der Nase, durch Kehle und Luftröhre bis in die Lunge hinein und in der umgekehrten Richtung beim Ausatmen.

Achten Sie bei dieser Übung darauf, dass Sie tatsächlich auf jeder Stufe einige sanfte Atemzüge lang verweilen und erst weitergehen, wenn Sie Temperatur und Schwingung der Luft deutlich wahrnehmen. Lassen Sie die Luft Ihrer Nase, Kehle, Luftröhre und Lunge dabei helfen, sich zu entspannen, wenn sie das jeweilige Gewebe berührt. Je entspannter diese Bereiche werden, desto freier bewegt sich Ihr Atem und Ihre Selbstwahrnehmung wird umfassender. Manipulieren Sie bei dieser Übung vor allem nicht an Ihrem Atem herum. Wenn Sie sich dabei ertappen, dass Sie nachzudenken oder sich Träumen hinzugeben beginnen, nehmen Sie es einfach zur Kenntnis und richten Ihre Aufmerksamkeit wieder auf Ihren Atem im Gesamtkontext Ihrer Körperwahrnehmung.

Feine Ströme von Atemenergie

Wenn Sie innerlich ruhiger geworden sind, nehmen Sie vielleicht ganz feine Schwingungen, feine Ströme von Atemenergie wahr, die sich mit dem Ein- und Ausatmen auf und ab bewegen; und diese Energien erwecken vielleicht vollkommen neue Empfindungen und Gefühle für Sie selbst. Nehmen Sie diese Empfindungen und Gefühle einfach wahr und hören Sie nicht auf, den Bewegungen Ihres Atems zu folgen, ohne dass Sie auf irgendeine Weise versuchen, zu analysieren oder zu interpretieren, was geschieht. Gestatten Sie Ihrem Atem, dass er Ihr Gewahrsein tief in Ihren Körper hinein lenkt, besonders beim Einatmen.

Nachdem Sie etwa fünfzehn Minuten so gearbeitet haben, reiben Sie sich die Hände, bis sie warm sind, und legen Sie übereinander auf Ihre Nabelgegend. Spüren Sie, wie Ihr Bauch sofort mehr ins Atemgeschehen einbezogen wird. Spüren Sie, wie er sich beim Einatmen öffnet und beim Ausatmen schließt. Vielleicht spüren Sie, dass tief in Ihrem Bauch Schwingungen zu entstehen beginnen, als würde sich irgendeine ganz besondere Energie dort sammeln. Wenn Sie es ganz deutlich merken, lassen Sie die Schwingungen sich überallhin ausbreiten und alle Hirn- und Körperzellen erfrischen.

Zum Schluss stellen Sie jegliche Bemühung ein, Ihre Aufmerksamkeit zu lenken, und nehmen sich noch ein paar Minuten Zeit, um die Gesamtempfindung zu genießen – wie Sie dasitzen, lebend, atmend, denkend, fühlend, wahrnehmend. Sie bemerken, dass Sie als Ganzes jetzt viel präsenter, lebendiger sind.

Bewusstes Atmen im Alltag

Wenn Sie fertig sind, stehen Sie einfach auf und machen mit Ihren normalen Aktivitäten weiter. Kehren Sie aber bei allem, was Sie tun, immer wieder einmal zu sich zurück und nehmen Ihre Atmung wahr. Einfach nur beobachten und spüren. Versuchen Sie keinesfalls, Ihr Atmen auf irgendeine Weise zu verändern. Schließen Sie Ihre Emotionen, Gedanken, Körperhaltungen, Bewegungen, Aktivitäten und so weiter in Ihre bewusste Wahrnehmung mit ein.

Stellen Sie fest, ob Ihr Atmen langsam und entspannt ist oder eher hastig und nervös. Stellen Sie fest, ob Ihre Atmung weich und wohlig oder abgehackt und unerquicklich ist. Stellen Sie fest, ob Sie den Atem anhalten oder ob er frei und leicht fließt.

Versuchen Sie zu spüren, wo Ihr Atem seinen Ursprung hat. Bemerken Sie alles ohne Analyse oder Urteil. Seien Sie inmitten Ihres Tuns einfach ein, zwei Minuten lang präsent für sich und Ihren Atem.

Beziehen Sie Ihre Gedanken und Emotionen in Ihre bewusste Wahrnehmung ein

Wenn Sie täglich auf diese Weise üben und Ihre Wahrnehmung von sich selbst feiner, sensibler und umfassender wird, werden Sie im Laufe der Zeit beginnen, zu beobachten, wie Ihre Gedanken und Emotionen Gestalt annehmen – und zwar bevor sie Ihre ganze Aufmerksamkeit in Anspruch nehmen. Lassen Sie sie kommen und gehen, beziehen Sie sie einfach als Teil Ihrer gegenwärtigen Wirklichkeit in Ihr Gewahrsein mit ein. Wenn Ihnen dies ohne Analyse oder Beurteilung gelingt, werden Sie einen immer umfassenderen Eindruck von den Beziehungen gewinnen können, die zwischen Ihren Gedanken, Emotionen, Körperhaltungen, Empfindungen, Ihren Energien und dem Atem bestehen. Durch diese vielschichtige Arbeit mit dem Gewahrsein kann sich die Begrenztheit Ihrer Atmung, Ihrer Gedanken, Gefühle, Spannungen und dergleichen allmählich beginnen aufzuheben.

Die Sechs Heilsamen Ausatmungen

Bei den Sechs Heilenden Ausatmungen handelt es sich um eine alte taoistische Atemübung, die sich beim Ausatmen der Kraft bestimmter Laute bedient, Kontakt zu den Körperorganen aufzunehmen, sie zu heilen und die so genannten negativen Emotionen, die mit diesen Organen in Zusammenhang gebracht werden, in so genannte positive zu verwandeln. Eine Version dieser Übung habe ich auf einem Seminar unter der Leitung des taoistischen Meisters Mantak Chia[1] kennen gelernt, der sie »Die Sechs Heilenden Laute« nennt, und bin ihr im Rahmen der taoistischen Praxis seither in verschiedenen Versionen begegnet. Es ist in diesem Zusammenhang wichtig, darauf hinzuweisen, dass es vom taoistischen Standpunkt aus nicht darum geht, sich von negativen Emotionen zu befreien und nur noch positive zu haben, sondern eher darum, dass unsere Emotionen ausgeglichen und dass unsere inneren Organe nicht überbeansprucht oder überhitzt werden. Die Taoisten glauben, dass unausgeglichene Emotionen und überbeanspruchte Organe den Energiefluss unterbrechen und sowohl unserer Wahrnehmungsfähigkeit als auch dem Leben insgesamt zahlreiche Einschränkungen auferlegen.

Die verschiedenen Laute

Die Sechs Laute sind mit den großen Organsystemen und den dazugehörigen Energiekanälen verbunden. Auch verknüpft man mit ihnen bestimmte Farben. In dieser Übung können Sie sowohl mit den Lauten als auch mit den Farben arbeiten.

Lunge und Dickdarm: Der erste Laut, das gezischte S, wirkt auf die Lunge und den Dickdarm und ist mit der Nase verknüpft. Der Laut soll gegen körperliche Probleme wie Erkältung, Husten und Verstopfung wirksam sein und helfen, die Energie von Trauer und Traurigkeit in die Energie des Mutes zu verwandeln. Die entsprechende Farbe ist Weiß.

Nieren und Blase: Der zweite Laut, Hu, wie er entsteht, wenn man eine Kerze ausbläst, wirkt auf Nieren und Blase und ist mit den Ohren verknüpft. Der Laut soll Ihre gesamte Vitalenergie vermehren, gegen Probleme wie kalte Füße, Schwindelgefühl und zu geringe Sexualenergie wirksam sein und helfen, die Energie der Angst in die Energie der Güte zu verwandeln. Die entsprechende Farbe ist Dunkelblau.

Leber und Gallenblase: Der dritte Laut, Sch, wie Sie ihn machen, wenn Sie jemanden zum Schweigen bringen wollen, wirkt auf Leber und Gallenblase und ist mit den Augen verknüpft. Dieser Laut soll hilfreich bei Augenproblemen, Anorexie und Schwindel sein und helfen, die Energien von Zorn und Eifersucht in die Energie der Freundlichkeit zu verwandeln. Die entsprechende Farbe ist Grün.

Herz und Dünndarm: Der vierte Laut, ha, wirkt auf Herz und Dünndarm und ist mit der Zunge verknüpft. Er soll bei Herzkrankheiten, Schlaflosigkeit, Zungengeschwüren und Nachtschweiß hilfreich sein und helfen, die Energien von Hass, Arroganz und Ungeduld in die Energie von Liebe, Mitleid oder Geduld zu verwandeln. Die entsprechende Farbe ist Rot.

Milz, Magen und Bauchspeicheldrüse: Der fünfte Laut, Hu (kehlig, guttural), wirkt auf Milz, Magen und Bauchspeicheldrüse und ist mit dem Mund verknüpft. Er soll bei Verdauungsproblemen, Geschwüren im Mund, bei Muskelatropie und Menstruationsunregelmäßigkeiten wirksam sein und helfen, die Energie von Besorgnis oder Nervosität in die Energie von Gerechtigkeit und Gleichgewicht zu verwandeln. Die entsprechende Farbe ist Goldgelb.

Dreifacher Erwärmer: Der sechste Laut, hiii (durch die Zähne gezischt), wirkt auf den Dreifachen Erwärmer, der mehr oder weniger den drei Atemräumen entspricht (zwischen Füßen und Nabel, vom Nabel bis zum oberen Ende des Zwerchfells und vom oberen Ende des Zwerchfells bis zur Schädeldecke). Mit diesem Laut wird keine bestimmte Emotion verknüpft. Er soll bei Halsschmerzen, Blähungen und Schlaflosigkeit wirksam sein und wird auch eingesetzt, um den gesamten Energiefluss im Körper anzuregen. Diesem Laut entspricht keine Farbe.

Die Übung der Sechs Heilenden Ausatmungen

Um die Gesundheit der Organe und die harmonische Bewegung der Energie durch den Körper zu gewährleisten, sollte täglich in der angegebenen Reihenfolge mit den Sechs Heilenden Ausatmungen geübt werden. Jeder Laut sollte mindestens dreimal wiederholt werden. Sie atmen durch die Nase ein und atmen sehr langsam auf den Laut aus. Wenn Sie ein bestimmtes Problem haben, das mit einem der Organe beziehungsweise der dazugehörigen Emotion zusammenhängt, können Sie längere Zeit bei dem entsprechenden Laut verweilen und ihn so oft wiederholen, wie Sie mögen. Lassen Sie sich unbedingt einige Atemzüge lang Zeit, bevor Sie mit dem nächsten Laut weitermachen.

Sie können diese Laute auch, wie wir es bereits mit dem Lungenlaut getan haben, anwenden, um Ihr Ausatmen zu verlängern und die Beweglichkeit, Kraft und Elastizität Ihres Zwerchfells zu verbessern. Dafür eignet sich neben dem Lungenlaut besonders der Leberlaut.

Reine Energie einatmen, Gifte ausatmen

Die Übung selbst ist äußerst einfach. Sie können Sie in jeder Körperhaltung durchführen. Egal mit welchem Organ Sie arbeiten, spüren Sie, dass Sie es beim Einatmen mit frischer, reiner Energie versorgen und dass sich die ganze Körperpartie öffnet und ausdehnt. Wenn Sie auf den dazugehörigen Laut ausatmen, nehmen Sie wahr, dass alles Gift und jedwede übermäßige Wärme aus dem Organ entweichen und dass sich die ganze Körperpartie schließt oder zusammenzieht. Wenn Sie gern visualisieren, können Sie die entsprechende Farbe einatmen und beim Ausatmen visualisieren, dass graue oder eine dunkle, trübe Farbe Ihren Körper verlässt. Ein anderer Ansatz besteht darin, dass Sie wahrnehmen, wie Sie das Unbekannte einatmen und beim Ausatmen das Bekannte von sich geben.

Um Kontakt mit Ihren Organen (siehe Abbildung 4.1) aufnehmen zu können, sollten Sie sich die Hände reiben, bis sie sehr warm sind, und sie dann, je nach dem Laut, den Sie machen möchten, auf das Hauptorgan legen, mit dem Sie arbeiten. Richten Sie Ihre Aufmerksamkeit auf die ganze Körperpartie. Wenden Sie sich Ihren Organen in der folgenden Reihenfolge zu: *Lunge* (rechte Hand vorne auf der Brust über dem linken Lungenflügel, linke Hand entsprechend über dem rechten Lungenflügel), *Nieren* (Handflächen auf der mittleren Rückenpartie, die Finger berühren sich an der Wirbelsäule), *Leber* (rechter unterer Teil des Brustkorbs), *Herz* (etwas links von der Mitte des Brustkorbs) und *Milz/Magen* (linker unterer Teil des Brustkorbs).

Beim letzten Laut, der mit dem Dreifachen Erwärmer verbunden ist, heben Sie beim Einatmen die Hände leicht über den Kopf (im Sitzen Handflächen nach unten, die Finger einander zugewandt; in der Rückenlage zeigen die Handflächen zur gegenüberliegenden Wand). Wenn Sie sitzen, strecken Sie die Beine so weit nach vorn, wie es Ihnen möglich ist. Die Füße bleiben flach auf dem Boden. Im Liegen sind Ihre Beine bequem ausgestreckt.

Abbildung 4.1
Innere Organe

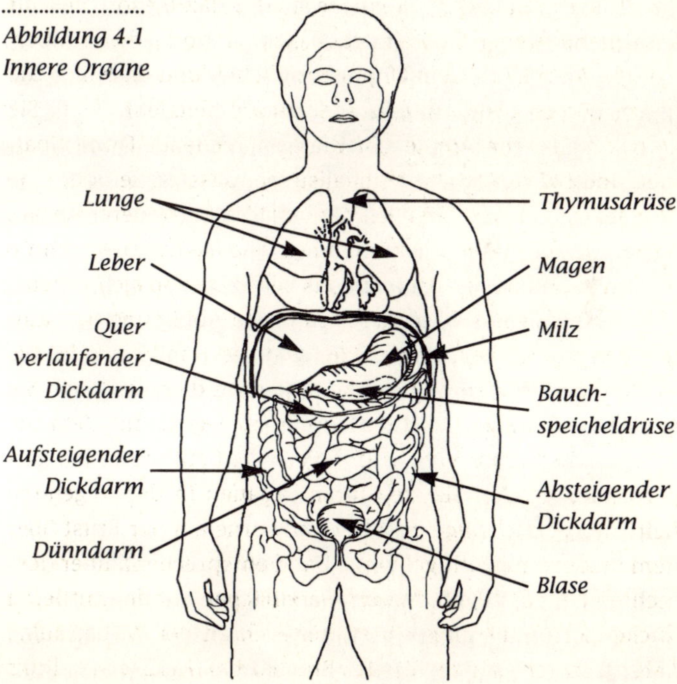

Während Sie auf den Laut ausatmen, bewegen Sie Ihre Hände langsam den Körper abwärts mit der Absicht, ihn von Giften und übermäßiger Wärme zu befreien. Wenn Sie mit den Händen an den Hüften angekommen sind, wenden Sie sie so, dass die Handflächen zum Körper zeigen und die Finger zu den Füßen. Behalten Sie die Bewegung Ihrer Hände bei, bis Ihre Arme am Ende des Ausatmens gestreckt sind. Spüren Sie, wie Gifte und Hitze Ihren Körper durch Fingerspitzen und Fußzehen verlassen.

Mit jedem Laut, den Sie geräuschvoll von sich geben, können Sie zusätzlich auch so arbeiten, dass Sie ihn unhörbar ausatmen und seine Schwingungen im jeweiligen Organ konzentrieren. Wenn Sie unter Leuten sind, können Sie auf den Gebrauch Ihrer Hände verzichten und den Laut einfach stumm bilden. Achten Sie jedoch immer darauf, dass Sie Ihr ganzes inneres Gewahrsein auf das Hauptorgan richten, das mit dem Laut verbunden ist.

Die Sechs Heilenden Ausatmungen können gefahrlos zu jeder Tages- und Nachtzeit ausgeführt werden, zu Heilungszwecken sind sie jedoch unmittelbar nach dem Aufstehen oder kurz vor dem Zubettgehen besonders wirksam. Warten Sie nach dem Essen mindestens eine halbe Stunde, bis Sie mit der Übung beginnen. Wenn Sie mit dem ganzen Zyklus fertig sind, lassen Sie sich noch ein paar Minuten Zeit, um alle Veränderungen Ihrer Atmung sowie Ihrer Gesamtempfindung bewusst wahrzunehmen.

Der Lächelnde Atem

Ein echtes Lächeln kann nicht nur auf das Gegenüber entspannend wirken und ihm wohl tun, sondern verschafft auch der Person, die lächelt, selbst ein tiefes Entspannungsniveau.[2]

Dies gilt ganz besonders in unserer heutigen Hochdruckwelt, in der angespannte, verbiesterte Gesichter die Norm sind.

Der Lächelnde Atem[3], angelehnt an eine taoistische Meditation, kombiniert die Macht des Lächelns mit der Macht des Atems zu einer integrierten Übung für Gesundheit, Heilung, Entspannung und Ganzheit. Sie beinhaltet das Gewahrsein der positiven und negativen Emotionen, die traditionell mit den verschiedenen inneren Organen in Verbindung gebracht werden. Der Schlüssel liegt dabei darin, sich dieser Emotionen innerlich voll bewusst zu werden, ohne irgendetwas daran verändern zu wollen. Nehmen Sie sich bei der Meditation also genügend Zeit, um alles, was in Ihnen vorgeht, wirklich spüren und empfinden zu können.

Setzen Sie sich mit geschlossenen Augen auf einen Stuhl oder ein Kissen. Wenn Sie mehr als zwanzig Minuten stehen können, lässt sich die Übung auch im Stehen durchführen (siehe die Übung »Bewusstes Stehen« im Anhang A). Im Sitzen sollten Ihre Hände auf den Knien (Handflächen nach unten) oder locker verschränkt auf Ihrem Schoß ruhen. Im Stehen sind Ihre Füße schulterbreit auseinander, die Knie ganz leicht gebeugt, Schultern sind entspannt, die Arme hängen locker am Körper herab. Ihre Füße entspannen sich in den Boden hinein. Fühlen Sie, wie die Erde Sie trägt.

Wenn Sie einige Minuten so dagesessen oder gestanden haben, nehmen Sie Ihren ganzen Körper auf einmal wahr, inklusive aller Spannungen und Emotionen. Ganz allmählich sinken diese Spannungen und Emotionen herab wie Schmutzpartikelchen in einem Wasserglas. Wirbeln Sie sie nicht auf, indem Sie über sie nachdenken oder sich irgendwie sonst mit ihnen beschäftigen. Bleiben Sie auf diese Weise einige Minuten lang sitzen oder stehen.

Beziehen Sie dann Ihren Atem in diese ganzheitliche Wahrnehmung Ihrer selbst mit ein. Vielleicht spüren Sie die verschiedenen Atembewegungen – vom Unterbauch (oder sogar den Füßen) bis hinauf zum Kopf. Achten Sie aber darauf, dass Sie nichts erzwingen. Ein- und Ausatmen geschieht ganz von allein.

Spüren und entspannen Sie die Augen

Während Sie mit den Bewegungen Ihres Atems in Kontakt bleiben, spüren Sie Ihre geschlossenen Augen. Rollen Sie sie einige Male sanft in alle Richtungen. Halten Sie dann inne und lassen sie entspannt in ihre Höhlen zurücksinken. Die Augen sind mit dem unwillkürlichen Nervensystem verknüpft, das die Funktion Ihrer Drüsen und Organe steuert und reguliert. Wenn Sie Ihre Augen entspannen, wirkt dies auf den ganzen Körper und das Nervensystem entspannend.

Die Entspannung greift auf Ihr gesamtes Gesicht über

Sowie Sie spüren, dass sich Ihre Augen entspannt haben, lassen Sie diese Empfindung sich über das gesamte Gesicht ausbreiten, bis hin zur Zunge, den Ohren und den Schädel- und Kieferknochen.

Strecken Sie die Zunge spiralförmig in verschiedene Richtungen aus. Danach entspannt sie sich im Mund. Die Entspannung Ihres Gesichts, insbesondere der Zunge, hilft Sie von dem ständigen inneren Geplapper zu befreien, das so viel zu unseren unnötigen Spannungen und zum vermeidbaren Stress beiträgt.

Visualisieren Sie dann mit geschlossenen Augen, wie ein Mensch, den Sie mögen, Sie anlächelt. Lassen Sie sein Lächeln in sich eindringen. Lächeln Sie zurück. Wenn Ihnen partout kein Gesicht einfällt, das Sie zum Lächeln bringt, lächeln Sie einfach so. Entspannen Sie die Augen noch mehr, heben Sie Mundwinkel und Wangen an und »setzen Sie ein Lächeln auf«. Wenn es Ihnen gelingt, dies einige Minuten lang beizubehalten, werden Sie bald ganz echt und unangestrengt lächeln.

Spüren Sie, wie Ihr Atem von Ihrem Lächeln berührt wird

Achten Sie darauf, dass Sie den Kontakt zu den verschiedenen Bewegungen Ihres Atems nicht verlieren. Spüren Sie, wie die Luft beim Einatmen nicht nur durch die Nase einströmt, sondern auch durch Ihr Gesicht und die Augen. Spüren Sie, wie Ihr Atem von dem Lächeln auf Ihrem Gesicht berührt wird. Beobachten Sie, wie das Lächeln Ihre Atmung verändert. Es ist, als würde Ihr Atem durch das Lächeln kräftiger und umfassender.

Atmen Sie in Ihre Thymusdrüse

Und nun werden Sie Ihr Lächeln nach innen richten, indem Sie den Lächelnden Atem in Ihre wichtigsten Organe (siehe Abbildung 4.1) lenken. Während Sie durch das Lächeln auf Ihrem Gesicht atmen, lassen Sie den Lächelnden Atem wie Wasser durchs Kinn und durch den Hals in Ihre Thymusdrüse fließen, die sich hinter dem oberen Brustbein befindet. Die Thymusdrüse ist ein wichtiger Bestandteil Ihres Immunsystems. Spüren Sie, wie sie sich beim Einatmen öffnet und beim Ausatmen schließt.

Atmen Sie ins Herz

Nehmen Sie jetzt Ihre Herzgegend wahr. Reiben Sie sich die Hände, bis sie warm sind, und legen sie über Ihr Herz. Lassen Sie die Wärme Ihrer Hände bis tief ins Herz eindringen. Spüren Sie bereits Ihren Herzschlag?

Vergewissern Sie sich, dass Sie immer noch lächeln, und lenken Sie dann Ihren Lächelnden Atem hinab in die sich immer mehr vertiefende Wahrnehmung Ihres Herzens.

Stellen Sie sich vor, dass Sie durch Ihr Herz atmen. Vielleicht spüren Sie, wie es sich entspannt, während Sie lächeln und durch das Herz atmen. Schauen Sie, ob Sie spüren können, wie Ihr Zwerchfell das Herz beim Ausatmen berührt und es massiert. Haben Sie ein Gefühl von Hass, Arroganz, Ungeduld in Ihrem Herzen? Gibt es vielleicht auch ein Gefühl von Dankbarkeit, einfach nur am Leben zu sein?

Atmen Sie in die Lunge

Lassen Sie das tiefe Gefühl von Entspannung in Ihrem Herzen sich nun seitwärts in die Lunge ausbreiten. Lenken Sie Ihren Lächelnden Atem in die Lungenflügel neben Ihrem Herzen. Spüren Sie, dass die Muskulatur Ihres Brustkorbs geschmeidiger und entspannter wird, wenn Sie in die Lunge atmen? Nehmen Sie wahr, dass sich Ihre Lunge beim Ein- und Ausatmen immer mehr ausdehnt und zusammenzieht? Wenden Sie keine Kraft auf – bloß Empfindung. Spüren Sie ein Gefühl von Trauer? Aber vielleicht auch den Mut, ganz Sie selbst zu sein?

Atmen Sie in die Leber

Lassen Sie Ihre Empfindung sich nun in die Leber vorn rechts unten im Brustkorb ausdehnen. Lächeln und atmen Sie in diesen Bereich. Spüren Sie, wie sich die Gegend um die Leber sanft ausdehnt und zusammenzieht, wie sich unnötige Spannungen dort auflösen? Spüren Sie, dass Ihr Zwerchfell beim Einatmen die Leber massiert? Haben Sie ein Gefühl von Zorn gegenüber sich selbst oder einem anderen Menschen? Empfinden Sie zugleich auch Freundlichkeit und Mitgefühl?

Atmen Sie in Magen, Bauchspeicheldrüse und Milz

Vergewissern Sie sich des Lächelns auf Ihrem Gesicht. Lassen Sie Ihre Wahrnehmung sich dann in Magen, Bauchspeicheldrüse und Milz in der unteren linken Seite Ihres Brustkorbs ausbreiten und beobachten, wie der Lächelnde Atem Ihrer Wahrnehmung in diese Organe hinein folgt. Achten Sie darauf, wie das Gewebe in dieser Körperpartie weicher zu werden beginnt, während Sie in Ihren Magen atmen. Spüren Sie irgendwelche Sorgen? Und vielleicht auch ein Gefühl von Ausgeglichenheit und Gerechtigkeit?

Atmen Sie in die Nieren

Lassen Sie die Wahrnehmung jetzt in Ihre Nieren und die Nebennieren darüber im unteren und mittleren Rückenbereich beiderseits der Wirbelsäule wandern. Schauen Sie, wie sich Ihr Lächelnder Atem in die Nieren ausbreitet. Nehmen Sie wahr, wie sich Rücken und Nieren beim Einatmen ein wenig ausdehnen und sich zusammenziehen, wenn Sie ausatmen.

Spüren Sie, wie sich alle unnötigen Spannungen in und um Ihre Nieren auflösen. Verspüren Sie Angst? Aber vielleicht auch ein Gefühl von Sanftmut?

Atmen Sie in Blase und Sexualorgane

Lassen Sie jetzt den Lächelnden Atem Ihrer Wahrnehmung in Blase und Sexualorgane folgen. Während Sie in diesen Bereich hinein atmen, spüren Sie vielleicht, dass sich Ihr ganzer Unterleib öffnet und mit Energie füllt. Und vielleicht bekommen Sie auch ein ganz neues Gefühl für Ihre innere Kraft.

Die Energie sammeln und aufsaugen

Wenn Sie jetzt einatmen, spüren Sie, wie sich Ihr Unterleib durch die Geräumigkeit Ihres Lächelnden Atems ausdehnt. Spüren Sie die Wärme und Energie in Ihrem Unterleib. Atmen Sie langsam durch den Mund aus, als wollten Sie eine Kerze ausblasen. Bleiben Sie mit dem größten Teil Ihrer Aufmerksamkeit in Ihrem Unterleib und gestatten Sie dem wohligen, geräumigen Gefühl, das Sie dort haben, sich gleichzeitig in alle Organe, Gewebe und Knochen auszubreiten.

Sowie Sie das Gefühl haben, dass Ihr Gewahrsein für diesen Prozess ausgeprägt genug ist, können Sie die Übung um eine weitere Dimension ergänzen: Nehmen Sie beim Ausatmen die *lächelnde Energie* wahr, die von Ihren Organen aufgesogen wird, während zugleich alle inneren Spannungen oder Gifte Ihren Körper verlassen. Je besser Sie diese Übung beherrschen, desto mehr werden Sie entdecken, dass sie Sie enorm energetisiert und sich ausgesprochen positiv auf Ihr Wohlbefinden auswirkt.

Lächeln Sie oft in Ihr Herz

Sie sollten die gesamte Meditation des Lächelnden Atems täglich mindestens fünfzehn bis zwanzig Minuten lang durchführen. Trotzdem kann es natürlich vorkommen, dass Sie sich zwischendurch dabei ertappen, wie Sie in Zorn, Angst, Unruhe, Sorgen und andere negative Emotionen versinken. In solchen Fällen machen Sie kurzerhand eine Inventur Ihres aktuellen körperlichen, gedanklichen und emotionalen Zustands. Dann richten Sie Ihre gesamte Aufmerksamkeit auf Ihr Herz und nehmen die ganze Herzgegend bewusst wahr, lassen sie entspannen. Lächeln und atmen Sie mindestens eine Minute lang in Ihr Herz und gestatten Sie sich ein Gefühl der Dankbarkeit für das große Geschenk, hier und jetzt am Leben zu sein.

Der Lächelnde Atem im Alltag

Während Sie die Übung des Lächelnden Atems durchführen, ist es wichtig, dass Sie sich zwischendurch immer mal wieder davon überzeugen, dass noch ein Lächeln auf Ihrem Gesicht liegt. Nach einigen Wochen Übens in ruhiger Umgebung werden Sie viele der Resultate auch herbeiführen können, wenn Sie nur die Spur eines inneren Lächelns wahrnehmen. Dies wird es Ihnen ermöglichen, auch inmitten der ganzen Anforderungen, Belastungen und Konflikte Ihres Alltags zu üben. Unter diesen Umständen werden Sie erleben, dass diese Übung Ihnen hilft, Ihre gewohnten emotionalen Reaktionen und inneren Einstellungen zu erkennen und zu verändern, während sie zugleich Ihren Atem befreit.

Der Atem des Herzens

Die Bezeichnung »Atem des Herzens« ist nicht nur eine schöne und bewegende Metapher, sondern steht auch für eine Art des Atmens, die genauso grenzenlos ist wie die aufrichtige Empfindung von Liebe, Mitgefühl und Wertschätzung. Wenn wir tief und voluminös atmen, wird das Herz dabei wirklich vom Zwerchfell berührt und massiert.

Wie wir jedoch bereits wissen, atmen nur die wenigsten von uns umfassend und mühelos. Bei dieser Übung werden Sie erleben, dass ein Atmen durch das Herz einige der Beschränkungen, die uns der Panzer unseres Selbstbildes auferlegt, aufheben kann und uns die Möglichkeit gibt, eine tiefere Verbindung zu uns selbst und anderen aufzubauen.

Nehmen Sie Ihre Spannungen wahr und hören Sie auf Ihren Atem

Der erste Schritt besteht darin, ganz bewusst zu erleben, wie Sie im Moment atmen. Sie müssen vollkommen aufrichtig beobachten, wie die unnötigen Spannungen, die in Körper und Geist herrschen, nicht nur Ihren Atem, sondern auch Ihr Lebensgefühl beeinträchtigen. Dieses Lauschen auf den Atem ist keine Frage von Stunden, Tagen, Wochen oder Monaten, sondern kann gut und gern ein ganzes Leben in Anspruch nehmen. Denn in unserem Atem hallen diese Spannungen und die Art und Weise, in der sie uns im Griff haben, unsere Gesundheit belasten, uns von der Empfindung innerer und äußerer Geräumigkeit abschneiden und uns zu ersticken drohen, immer wider.

Wenn Sie das Kommen und Gehen dieser unnötigen Spannungen unter den verschiedenen Umständen Ihres Lebens erfahren, werden Sie bald herausfinden, dass sie eng mit negativen Emotionen – besonders mit Zorn, Angst, Besorgnis und Nervosität – verbunden sind, von denen sich einige ebenso unendlich wiederholen wie die Gedanken, von denen sie gestützt werden. Wenn Sie Ihrem Atem inmitten all dieser Spannungen und Emotionen nach innen folgen, werden Sie bemerken, dass dies, wenn auch vielleicht nur einen Augenblick lang, für mehr Raum und Offenheit sorgt. Aufgrund des kurzzeitigen Empfindens dieser Öffnung kann sich etwas in Ihnen entspannen und es Ihnen ermöglichen, auf neuartige Weise direkter mit sich selbst in Einklang zu kommen. Die erlebte Geräumigkeit beim Einatmen hilft tiefe Raumspeicher in Gewebe, Energie und Schwingungen hervorzubringen. Beim Ausatmen können Sie dann alle blockierenden Gedanken, Einstellungen und Emotionen empfinden und loslassen.

Das Herz muss immer einbezogen werden

Damit dieser Prozess aber tiefer gehen kann, muss das Herz einbezogen sein. Denn durch das Herz und besonders durch Gefühle wie Liebe, Mitgefühl und Wertschätzung können wir uns dem Leben wirklich öffnen. Wir müssen uns nur an Zeiten erinnern, in denen diese Gefühle in uns lebendig waren, um uns vor Augen zu führen, wie sie es vermochten, uns für uns selbst und andere zu öffnen. Dann wissen wir, dass wir nur mit einem offeneren Herzen wirkliche Geräumigkeit in unserem Leben finden können.

Und wie können wir nun das Herz bewusst in unser Atemgeschehen einbeziehen? Welche Übungen können wir durchführen? In den verschiedenen spirituellen Traditionen gibt es dafür zahlreiche Ansätze. So besteht zum Beispiel eine Möglichkeit darin, mit dem Einatmen die Schmerzen und das Leid der ganzen Welt auf sich zu nehmen und beim Ausatmen Liebe und Mitgefühl abzugeben. Zwar kann eine derartige Übung, regelmäßig ausgeführt, durchaus bedeutende Resultate zeitigen, aber vielen von uns wird es schwer fallen, sie ganz aufrichtig zu praktizieren. Was allerdings niemanden davon abhalten sollte, sie einmal zu probieren.

Spüren und fühlen Sie Ihr Herz

Ein anderer Ansatz, der vielen vielleicht leichter zugänglich ist, besteht darin, dass man lernt, das Herz öfter einmal zu spüren und zu fühlen. Diese Übung können Sie in der klassischen Meditationshaltung durchführen. Sie können sie aber auch machen, wann immer sie Ihnen einfällt. Sie können sie sogar jetzt, in diesem Moment, ausprobieren, während Sie diese Zeilen lesen.

Als Erstes spüren Sie, wie Ihr Gewicht von der Erde getragen wird. Egal ob Sie sitzen, stehen, gehen, liegen oder was auch immer, nehmen Sie die Schnittstelle zwischen Ihrem Körper und der Erde wahr. Im Stehen richten Sie Ihre Aufmerksamkeit auf die Füße. Wenn Sie auf einem Stuhl sitzen, konzentrieren Sie sich auf Ihr Gesäß (insbesondere die Sitzknochen), wie es den Sitz berührt und Sie die Füße auf dem Boden haben. Fokussieren Sie sich auf diese Wahrnehmungen, bis Sie spüren, dass die Erde selbst Sie hundertprozentig trägt.

Dann fühlen und spüren Sie Ihre Herzgegend. Diesen Prozess können Sie noch unterstützen, indem Sie eine oder beide Hände auf die Brust legen und die Wärme und Energie wahrnehmen, die Ihren Händen entströmt. Erlauben Sie allen Spannungen in diesem Bereich, allem, was sich wie eingefroren oder verkrampft anfühlt, unter der Wärme Ihrer Aufmerksamkeit, Ihrer Hände und Ihres Lächelns einfach dahinzuschmelzen. Fühlen Sie, wie sich Ihr Atem auszudehnen beginnt und von Ihrem Herzen angezogen wird. Nehmen Sie wahr, wie die sanfte Brise Ihres Atems Ihr Herz durchströmt und es weicher macht.

Würdigen Sie das Wunder des Seins

Während Sie weiterhin spüren, wie die Erde Sie trägt und der Atem Ihr Herz berührt, können Sie beginnen, Gefühle von Liebe und Wertschätzung aufkommen zu lassen. Wenn Sie mögen, können Sie gern vergangene Gefühle dieser Art wiederaufleben lassen, aber Sie werden sehen, dass es genauso gut möglich ist, direkt zu einer tiefen, unmittelbaren Wertschätzung für Ihr Leben mit allem (Positivem wie Negativem), was es in diesem Moment beinhaltet, zu kommen. Während Sie bewusst durch Ihr Herz ein- und ausatmen, schauen Sie, ob Sie vielleicht das große Wunder empfinden können, das Ihr Leben darstellt – die Tatsache, dass Sie hier und jetzt in einem unermesslichen Universum, das niemand wirklich begreifen kann, am Leben sind. Während Sie ganz ruhig so arbeiten, erleben Sie vielleicht, dass Sie unerklärlicherweise innerhalb eines grenzenlosen Raums von Präsenz atmen, der von Ihrem Herzen aus nach innen und außen ausstrahlt, ein Raum, in dem der gegenwärtige Augenblick – das Jetzt – eine vollkommen neue Bedeutung annimmt.

Aber Vorsicht! Wenn Sie sich dieser Übung wie irgendeiner x-beliebigen nähern, werden Sie die Fülle, die sie mit sich bringen kann, nie erleben. Sie erfordert weniger irgendeine Technik als das tiefe Streben, neu hinzuhören, offen zu sein für das unergründliche Wunder des Menschen als atmendem Wesen. Mit dieser Offenheit und Geräumigkeit können wir über die Grenzen unseres kleinen Selbst hinausgehen und mit dem in Kontakt kommen, was in uns und unserem Leben wahrhaftig ist.

Die Zeit ausdehnen

Eine ernsthafte Erkundung unseres Atemgeschehens und des Atems als solchem bringt uns auf viele Gebiete, unter anderem in die Chemie, die Physiologie, die Psychologie und sogar in den Bereich der Metaphysik. Wie wir gesehen haben, sagt die Art, wie wir atmen, viel darüber aus, wie wir leben – inklusive Gedanken, Gefühlen, Anschauungen und Beziehungen zu uns selbst und anderen. Wenn wir ernsthaft mit dem Atem arbeiten, schaffen wir, ob uns dies bewusst ist oder nicht, Veränderung oder zumindest die Chance für Veränderung auf vielen Gebieten unseres Lebens. Eine der vielleicht größten Veränderungen, die wir erleben können, betrifft unser Verhältnis zur Zeit.

Beschleunigung

Einer der tiefgehendsten und am wenigsten begriffenen Aspekte des Atems ist seine Beziehung zur Zeit. Als Bürger des zwanzigsten und einundzwanzigsten Jahrhunderts haben die meisten von uns das Gefühl, die Zeit beginne immer mehr zu rasen. Diese Beschleunigung hängt mit dem stets größer werdenden Stress zusammen und entstammt hauptsächlich unserer Wahrnehmung, der zunehmend komplexen Art und Weise, das Leben zu betrachten, zu fühlen und wahrzunehmen. Im Alltag wird von uns erwartet, dass wir uns mit unserem Augenmerk, im Denken, Fühlen und Handeln immer wieder neu auf das Bombardement ständig wechselnder Aufgaben, Ansprüche, Informationen, Ängste, Sorgen und so weiter einstellen. Dieses ständige Hin- und Herspringen unserer Aufmerksamkeit und die damit zusammenhängenden Anforderungen, die an Gehirn und Nervensystem gestellt werden, führen dazu, dass viele von uns ständig in einem leichten Zustand von Kampf oder Flucht leben, einem Zustand, in dem uns unnötige Anspannung unserer Lebensenergie beraubt und die permanente Ausschüttung von Hormonen wie Adrenalin oder Kortison das Immunsystem beeinträchtigt und uns insgesamt immer mehr aus der Balance bringt.

Weil unser Nervensystem sehr anpassungsfähig ist und sich darauf einrichten kann, auch auf diesem höheren Aktivitätsniveau zu funktionieren, nehmen wir die chronische Unruhe, Ungeduld, alle Sorgen und Ängste schließlich als gegeben hin und beginnen sie für »normal« zu halten. Und statt nun direkt an die Wurzel des Problems vorzudringen, unsere einschränkende, selbstzerstörerische Art, die Welt zu sehen, versuchen wir Dinge zu tun, die uns mehr Zeit für uns selbst verschaffen sollen – kaufen uns etwa den neuesten, schnellsten und effektivsten Rechner oder beeilen uns noch mehr, um noch schneller irgendwo anzukommen oder etwas zu erreichen. So kann man zum Beispiel beobachten, wie Menschen (man selbst macht da keine Ausnahme) voller Ungeduld etwa an der Bushaltestelle, in einer Schlange oder vor einer roten Ampel stehen und es kaum abwarten können, bis sie endlich weiterkommen – als wäre die Zukunft in irgendeiner Weise wichtiger als die Gegenwart. Und dieses eilige Wegrennen vor dem Jetzt in eine irgendwie imaginierte Zukunft scheint nie aufzuhören. Selbst im Urlaub ist das, was wir als Nächstes zu unternehmen planen, oft wichtiger als das, was wir im Moment gerade tun.

Leider führt diese allgemeine Einstellung zusammen mit all den Dingen, die wir oft tun, um Zeit zu sparen, in der Regel nur dazu, dass wir das Gefühl bekommen, die Zeit verginge immer schneller. Dabei müssen wir gar keine Zeit sparen. *Uns* müssen wir einiges ersparen. Denn unsere Zeit scheint mehr und mehr von Dingen erfüllt, die vom Standpunkt wirklicher Harmonie und Glückseligkeit aus betrachtet entweder kontraproduktiv sind oder bedeutungslos.

»Zeit ist Atem«

»Zeit ist Atem«, sagte G. I. Gurdjieff.[4] Und J. B. Priestley beschrieb unser nach Zeit Lechzen einmal als die Lage des Ritters, der auf der Suche nach der Zeit sein Pferd besteigt und gar nicht mitbekommt, dass die »Zeit das Pferd ist, das er reitet«. Wenn die Zeit also tatsächlich der Atem ist und zugleich das Pferd, das wir reiten, dann können wir vielleicht eine neue, bewusstere Beziehung zur Zeit gewinnen, wenn wir uns dem Atem zuwenden.

Jedem, der sich ein wenig damit beschäftigt, dürfte klar sein, dass das erhöhte Maß an Stress, Unruhe, Sorgen und Disharmonie, das die meisten Menschen in unserer heutigen Zeit erfahren, eng mit der hastigen, flachen Brustatmung zusammenhängt, auf die sich viele von uns im Alltag beschränken, selbst wenn sie sich ausruhen. Eine solche Atmung ist nicht allein das Ergebnis eines chemischen oder mechanischen Ungleichgewichts im Körper, sondern resultiert auch aus dem zunehmenden Gefühl, im Leben nicht genügend Zeit und Raum zu haben. Dieses Empfinden wiederum ist zu einem großen Teil der Tatsache geschuldet, dass sich Hirn und Nervensystem allzu oft in emotionalem Aufruhr befinden. So anpassungsfähig der Mensch auch sein mag, die Wahrheit ist, dass wir für die Art von chronisch stressigem Hochgeschwindigkeitsleben, das viele von uns führen, einfach nicht gemacht sind und dass der Preis, der dafür zu zahlen ist, im

Hinblick sowohl auf unsere Gesundheit als auch auf unser Glück sehr hoch ist.

Die ganze Weite des gegenwärtigen Augenblicks

Wenn jedoch Zeit tatsächlich Atem ist, gibt es einen intelligenten und zugleich gesunden Ausweg aus dem Dilemma. Das Geheimnis liegt darin, eine neue innere Einstellung zu finden, die uns hilft, langsamer zu atmen und in der ganzen Weite und Freiheit des gegenwärtigen Augenblicks zu leben. Der Versuch, Veränderungen in der Zukunft zu suchen, ohne das »Pferd, das wir reiten« in Gänze erfahren zu lernen, ist zum Scheitern verurteilt. Wenn wir der Zukunft entgegendrängen, wie es viele von uns unter dem Einfluss der allerneuesten High-speed-Informationstechnologie tun, so untergräbt dies Rhythmen und Weisheit des menschlichen Organismus und schnürt uns nicht nur den Atem, sondern auch das Leben ab.

Um uns der uns angeborenen Rhythmik und Weisheit öffnen zu können, müssen wir mittels bewussten Gewahrseins lernen, die schrecklichen Auswirkungen zu erleben, die diese Schnelllebigkeit auf Gesundheit, Wahrnehmungsfähigkeit und Wohlbefinden hat und müssen zugleich lernen, die Atemräume in unserem Körper zu öffnen und unseren eigenen bedingungslosen Atem zu finden – welcher höchstwahrscheinlich länger und langsamer sein wird als unser gewöhnlicher Atem, der unter der Gefangenschaft stressproduzierender Emotionen wie Angst, Zorn, Unruhe und Sorgen leidet.

Um dorthin zu gelangen, ist nicht nur Atemarbeit erforderlich (dies bestimmt), sondern auch ein radikaler Wandel unserer Wahrnehmung – das bewusste, aufrichtige Empfinden von Liebe, Freundlichkeit, Vorurteilslosigkeit und Mitgefühl sowohl uns selbst als auch anderen gegenüber. Diese Gefühle,

Gegenmittel gegen die vergiftenden, zeitaufwändigen Emotionen, die so viele von uns Tag ein Tag aus erfahren, helfen das Nervensystem zu stabilisieren und lenken unsere Aufmerksamkeit auf das Wunder des gegenwärtigen Augenblicks. Sie sind Ausdruck der Wertschätzung für alles, was hier und jetzt in uns und anderen geschieht.

Es gibt eine einfache Übung, mit der Sie diesen Wandel in Ihrer Wahrnehmung unterstützen können. Sie besteht aus zwei Phasen: zunächst die Arbeit im Stillen für sich allein und in der zweiten Phase dann die Arbeit mitten im Stress.

Phase eins: Üben Sie bewusstes Atmen

Üben Sie das bewusste Atmen jeden Morgen mindestens fünfzehn Minuten lang im Sitzen oder im Stehen. Nehmen Sie Ihre Herzgegend wahr. Spüren Sie, wie sich diese Körperpartie erwärmt und jegliche Spannungen wie Eis dahinschmelzen. Sowie sich Ihr Herz entspannter anfühlt, sagen Sie stumm ganz langsam vor sich hin: »Lebendig«. Und beim Ausatmen stumm und langsam: »Jetzt«. Sie fühlen, wie diese Wörter in Ihrem Herz widerhallen, während Sie Ihr Lebendigsein allmählich immer mehr spüren und würdigen. Vielleicht können Sie sich sogar des Ganzen, »Lebendig – jetzt«, von Anfang bis Ende auf einen Atemzug mit dem Herzen bewusst werden. Schauen Sie, ob Sie Ihren Atem, »Lebendig – jetzt«, als gegenwärtigen und einzigen Augenblick Ihres Lebens erfahren können. Verlängern und verlangsamen Sie sowohl Ihr Einatmen als auch Ihr Ausatmen, während sich Ihr Bewusstsein für den gegenwärtigen Augenblick ausdehnt und vertieft. Bemerken Sie die natürliche Ruhe – die Pause – nach dem Ausatmen. Während dieser Pause dehnen Sie Ihr Bewusstsein bis zur Gesamtwahrnehmung Ihrer selbst aus. Nehmen Sie alle Gefühle zur Kenntnis, die auftauchen, aber versuchen Sie nicht, sie zu interpretieren oder zu analysieren.

Nachdem Sie mindestens zehn Minuten lang so gearbeitet haben, lassen Sie jegliche Mühe sein und genießen einfach die Gefühle, Empfindungen und Eindrücke, die aufgetaucht sind. Würdigen Sie Ihr »Sein«, Ihre Lebendigkeit. Bemerken Sie, wie sich der gegenwärtige Augenblick erweitert zu haben scheint und dass Sie mehr Zeit und Raum gewonnen haben, um sich darin einfach entfalten und sein zu können.

Phase zwei: Übung für Stresssituationen

Nachdem Sie diese Übung mit dem Herzen ein oder zwei Wochen lang still für sich durchgeführt haben, können Sie sie auch während Ihrer täglichen Aktivitäten durchführen, insbesondere mitten im Stress. Denken Sie daran: Zeit »ist Atem« und »das Pferd, das Sie reiten«. Diese aktive Meditation erfordert also keinerlei Zeit. Während Sie sich der Situation stellen, mit der Sie es gerade zu tun haben, spüren Sie einfach Ihr Herz und atmen »Lebendig – jetzt« durch Ihr Herz. Sie werden überrascht sein, wie wirkungsvoll die aufrichtige Würdigung Ihrer Existenz Sie gegenüber stressbedingten Problemen abschirmen und diese verändern kann und wie sich darüber hinaus Ihre Wahrnehmung nicht nur der Zeit, sondern auch, was vielleicht sogar noch wichtiger ist, Ihrer selbst allmählich erweitert.

Der Grenzenlose Atem

Jedem, der sich selbst ehrlich erkunden will, bleibt nichts anderes übrig, als sich auch mit den metaphysischen Dimensionen des Atems zu beschäftigen, mit der Beziehung des Atems zum Spirituellen und Unbekannten. Mit Hilfe des Atems können wir uns dem Unbekannten annähern, ohne uns auch nur von der Stelle zu rühren.

Wie bereits erörtert, ist loslassen und vollständig ausatmen der erste Schritt in Richtung auf das Unbekannte. Wenn wir wahrhaftig loslassen, wissen wir nicht, was als Nächstes geschieht und wo wir uns danach wiederfinden werden. Wenn wir loslassen, geben wir, wenn auch nur für einen Augenblick, die Kontrolle auf. Und obwohl wir im tiefsten Inneren genau wissen, dass dieses Aufgeben der Kontrolle nicht nur für den Atem, sondern auch für inneres Wachstum und Glück unerlässlich ist, haben viele von uns große Angst davor.

An dieser Stelle möchte ich Ihnen gern eine spezielle meditative Übung ans Herz legen, bei der Sie Ihren Atem als Pfad in die unbekannten Dimensionen Ihrer selbst erleben. Regelmäßig durchgeführt, wird sie Ihnen helfen, neue Harmonie zwischen den drei Zentren Ihrer Wahrnehmung – Kopf, Herz und Körper – herzustellen. Darüber hinaus kann sie bewirken, dass Sie jenseits dieser Zentren ein vollkommen neuartiges Empfinden für Ihres inneren Wesens entdecken, Ihre unbedingte, grenzenlose Natur.

Setzen Sie sich ruhig hin

Setzen Sie sich ruhig auf einen harten Stuhl. Ihre Wirbelsäule ist aufrecht, aber geschmeidig. Schließen Sie die Augen, die Hände ruhen leicht verschränkt in Ihrem Schoß oder auf den Knien. Rücken Sie so lange auf Ihren Sitzknochen hin und her, bis Sie eine bequeme, aufrechte Sitzposition gefunden haben. Ihre Füße stehen entspannt flach auf dem Boden. Sitzen Sie einfach ein paar Minuten lang ruhig da, Sie tun nichts anderes als spüren und in sich hineinlächeln. Lassen Sie die innere

Ruhe, die Stille, anwachsen und alle Gedanken, Gefühle und Empfindungen umfassen, die entstehen.

Fragen Sie »Wer bin ich?« mit dem Kopf

Richten Sie jetzt Ihre ganze Aufmerksamkeit auf Ihren Kopf. Spüren Sie, wie Sie in Ihren Kopf atmen. Nach ein paar Minuten stellen Sie sich mit dem Kopf die Frage »Wer bin ich?«. Lassen Sie sich von keiner bestimmten Antwort verführen. Stellen Sie einfach die Frage, lauschen in die Stille hinein und beobachten alle »Antworten« und anderen Gedanken, die auftauchen. Verweilen Sie mindestens fünf Minuten lang bei Ihrer Frage.

Lösen Sie Ihre Spannungen nach unten hin auf

Richten Sie Ihre Aufmerksamkeit auf die Schädeldecke. Spüren Sie, wie Ihre Schädeldecke weicher und lebendig wird, wie sich aller Stress und alle Verspannungen dort auflösen. Lassen Sie dieses Gefühl von weich werden, sich auflösen dann ganz allmählich nach unten wandern, durch den Kopf, die Ohren, das Gesicht, den Mund und so weiter – durch Ihren ganzen Körper bis in die Füße und sogar noch weiter hinab. Lassen Sie sich Zeit. Nehmen Sie einfach wahr, wie all der Stress und die Anspannung durch Ihren ganzen Körper hinabsinken und schließlich in der Erde unter Ihren Füßen verschwinden.[4]

Stellen Sie sich die Frage »Wer bin ich?« mit dem Herzen

Dann legen Sie sich die Hände aufs Herz, atmen sanft hinein und fragen sich ein weiteres Mal »Wer bin ich?«, wobei Sie diesmal jedoch darauf achten, ob sie aus beziehungsweise in Ihrem Herzen widerhallt. Verweilen Sie dabei mindestens fünf Minuten lang.

Spüren Sie Ihren Körper in seiner Gesamtheit

Lassen Sie sich, sowie Sie dazu bereit sind, die Gesamtempfindung Ihres Körpers ins Bewusstsein dringen, auch die Bewegungen Ihres Atems. Folgen Sie Ihrem Atem, wie er sich von Ihrer Nasenspitze aus durch die Nasengänge, durch Kehle und Luftröhre zur Lunge hinab bewegt. Spüren Sie, wie sich Ihr Gewebe scheinbar zu öffnen beginnt, wenn Sie einatmen, und sich beim Ausatmen wieder schließt. Versuchen Sie nichts zu tun. Folgen, spüren, beobachten Sie einfach nur. Nehmen Sie alle Gedanken oder Gefühle wahr, die sich ergeben, aber beschäftigen Sie sich nicht weiter mit ihnen. Folgen Sie Ihrem Atem auf diese Weise mindestens fünf weitere Minuten lang.

Legen Sie sich dann die Hände auf den Bauch und spüren, wie sich Ihr Bauch ausdehnt (oder es gern tun würde), wenn Sie einatmen und beim Ausatmen wieder senkt (oder es gern tun würde). Wenden Sie keinerlei Kraft auf. Nehmen Sie nur mit jedem Atemzug die Bewegungen Ihres Bauches wahr.

Atmen Sie nun in Ihren ganzen Körper und fragen sich noch einmal »Wer bin ich?«, und zwar diesmal mit Ihrem Wahrnehmungsvermögen. Lassen Sie die Frage mindestens fünf Minuten lang in allen Zellen Ihres Körpers lebendig werden und schwingen.

Bemerken Sie die Pause nach dem Ausatmen

Wenden Sie Ihre Aufmerksamkeit jetzt von der Frage »Wer bin ich?« ab und bemerken die natürliche Pause in Ihrem Atemzyklus nach dem Ausatmen. Beziehen Sie diese Pause in die Gesamtwahrnehmung Ihrer selbst mit ein. Die großen mystischen Traditionen betrachten diesen Raum zwischen Ausatmen und Einatmen als das Eingangstor in unsere bedingungslose Natur, in unsere grundsätzliche unbegrenzte Wirklichkeit als pures Bewusstsein. In diesem Raum zwischen Aus- und Einatmen, einer stummen Geräumigkeit, die unterhalb unserer Gedanken, Gefühle und Wahrnehmungen immer existiert, können wir bereitwilliger alles loslassen, was wir über uns zu wissen meinen, und uns dem Unbekannten öffnen. In diesem Raum können wir die verändernde Kraft der entscheidenden Frage »Wer bin ich?« zu erfahren beginnen.

Folgen Sie jetzt weiter Ihrem Atem und richten besondere Aufmerksamkeit auf den Raum zwischen dem Aus- und dem Einatmen. Lassen Sie diesen Raum bei jedem Atemzug zu einer Art heiligem Ruheplatz werden, einem Platz, an dem Sie, wenn auch nur für einen kurzen Moment, Ihr Selbstbild und Ihre Selbstidentität gefahrlos aufgeben und Ihre wirkliche Natur erleben können. Dies ist Ihr Zuhause, an diesen Ort können Sie jederzeit zurückkehren. Versuchen Sie nichts zu *tun*. Nehmen Sie einfach wahr und fühlen Sie.

Während Ihr Atem äußerlich weitergeht und dieser Raum sich als reines Bewusstsein zu manifestieren beginnt, werden Sie eins mit ihm. Beobachten Sie, dass alle Ihre Gedanken, Empfindungen, Gefühle und der Atem irgendwie in diesem Bewusstsein enthalten sind. Fühlen Sie das Wunder Ihrer selbst – bewusst lebendig, hier und jetzt, im grenzenlosen Ozean des Unbekannten.

Wenn Sie bereit sind aufzuhören

Wenn Sie fast schon bereit sind aufzuhören, lassen Sie alle Erfahrungen, die Sie eben vielleicht gemacht haben, los und kehren für zwei oder drei Minuten zur Gesamtwahrnehmung Ihres Körpers und zur Bewegung Ihres Atems von der Nasenspitze bis in die Lunge hinab zurück. Hören Sie dann auf, Ihrem Atem zu folgen, und bleiben noch einige Momente lang der Wahrnehmung gewärtig, wie Sie so dasitzen. Lassen Sie schließlich auch die spezielle Wahrnehmung los, die Sie von sich haben. Sie wird unerwartet wieder auftauchen, aber versuchen Sie sie nicht festzuhalten oder zu erzwingen. Lächeln Sie jetzt das allgegenwärtige Wunder und Mysterium Ihrer selbst an, öffnen langsam die Augen und kehren in Ihr so genanntes normales Leben zurück, sobald Sie dazu bereit sind.

Anhang A

Weitere Hauptlehren und -übungen

Die Zehn Geheimnisse des authentischen Atmens

1. Atmen Sie nach Möglichkeit immer nur durch die Nase ein und aus, auch beim Sport.
2. Besinnen Sie sich auch mitten im Alltag so oft wie möglich auf die Bewegung Ihres Atems. Denken Sie daran, ihn nicht anzuhalten.
3. Achten Sie darauf, dass Ihr Bauch entspannt bleibt. Lassen Sie ihn sich ausdehnen, wenn Sie einatmen, und beim Ausatmen senken. Berühren und massieren Sie ihn häufig. Der Bauch ist die Grundlage Ihrer Atmung.
4. Atem ist Leben und Bewegung. Lassen Sie Ihren Atem alle Bereiche Ihres Körpers berühren und erfüllen, insbesondere den Bauch, Rücken, die Wirbelsäule und den Brustkorb.
5. Wenn Sie Ihre Atmung verändern möchten, beginnen Sie mit dem Ausatmen, dem »Loslassen«.
6. Ausführliches, langsames Ausatmen hilft das Zwerchfell zu harmonisieren und löst die »Entspannungsreaktion« aus.
7. Nehmen Sie die natürliche Pause nach dem Ausatmen wahr; ruhen Sie sich dabei ein wenig aus.
8. Lassen Sie das Einatmen ganz von selbst geschehen, wenn es Zeit dafür ist.
9. Nehmen Sie mehrmals am Tag die verschiedenen Atemräume in Ihrem Körper wahr. Lächeln Sie in diese Räume hinein und beobachten Sie, wie sie sich mit Hilfe Ihres bewussten Gewahrseins mühelos öffnen und schließen.
10. Und denken Sie daran: Sie sind ein atmendes Wesen, hier und jetzt lebendig. Nehmen Sie das Mysterium und Wunder Ihres Atems und Ihres Lebens so oft wahr, wie es Ihnen möglich ist.

Die Bedeutung der Nasenatmung

Durch die Nase atmen zu lernen ist von extremer Bedeutung, es sei denn, Sie machen bestimmte Atemübungen, die Mundatmung verlangen, oder Sie können aufgrund eines Unfalls oder einer Erkrankung nicht durch die Nase atmen.

Grundprinzipien

Wenn wir durch die Nase atmen, filtern die Flimmerhärchen, mit denen die Nasenlöcher ausgekleidet sind, Staub- und Schmutzpartikel heraus, die der Lunge schaden könnten. Wenn sich zu viele Partikel anlagern, sondern wir automatisch Schleim ab, um sie einzufangen, oder niesen, um sie auszustoßen. Darüber hinaus wird die Luft von der Schleimhaut der Nasenscheidewand erwärmt und befeuchtet.

Ein weiterer wichtiger Grund für die Nasenatmung hat mit der Aufrechterhaltung der richtigen Balance des Sauerstoff- und Kohlendioxidspiegels im Blut zu tun. Durch den Mund atmen wir in der Regel sehr schnell große Mengen Luft ein und aus. Dies führt oft zu chronischer Hyperventilation (gemessen an den jeweiligen Anforderungen zu schnelles Atmen).

Man muss sich vor Augen führen, dass die Atmung in aller Regel vom Kohlendioxidspiegel im Blut gesteuert wird. Wie Forschungen ergeben haben, ziehen sich die Arterien und Gefäße, die die Zellen mit Blut versorgen, zusammen, wenn wir das Kohlendioxid zu schnell abgeben, wodurch zu wenig Sauerstoff in die Zellen kommt. Dies betrifft auch die Halsschlagadern, die das Gehirn mit Blut (und Sauerstoff) versorgen. Überdies »verkleben« die roten Blutkörperchen und können den Sauerstoff nicht mehr schnell genug an die Zellen abgeben. Eine mangelhafte Versorgung der Hirnzellen mit

Sauerstoff kann das sympathische Nervensystem auf den Plan rufen, also die »Kampf-oder-Flucht«-Reaktion auslösen, wodurch wir verspannt, unruhig, leicht reizbar und depressiv werden. Manche Wissenschaftler, wie zum Beispiel Dr. Konstantin Pawlowitsch Butejko, glauben sogar, dass die Mundatmung und die damit verbundene Hyperventilation, die sie oft erzeugt, mit dafür verantwortlich sein können, dass es zu Erkrankungen wie Asthma, Bluthochdruck, Herzbeschwerden und anderen gesundheitlichen Störungen kommt.

Schließlich gibt es noch einen weiteren guten Grund für die Nasenatmung. In seinem Buch *Dr. Fulford's Touch of Life* schreibt der renommierte Osteopath Robert C. Folford: »Denken Sie daran: Versuchen Sie immer durch die Nase zu atmen und nicht durch den Mund, denn die Luft muss die olfaktorischen Nerven berühren, damit das Gehirn stimuliert und in seinen natürlichen Rhythmus gebracht wird. Wenn Sie nicht durch die Nase atmen, sind Sie gewissermaßen nur halb lebendig.«

Probleme mit der Nasenatmung

Wenn Sie schlecht durch die Nase atmen können, liegt es möglicherweise an einer Allergie oder auch an strukturellen Problemen zum Beispiel mit der Nasenscheidewand. Dazu kann es kommen, wenn Sie sich etwa irgendwann einmal die Nase gebrochen haben. In solchen Fällen sollten Sie möglicherweise einen Hals-Nasen-Ohren-Arzt aufsuchen.

Es kann aber auch an der Ernährung liegen, wenn Sie schlecht durch die Nase atmen können. Die regelmäßige Aufnahme zu vieler Kalorien oder der übermäßige Konsum der falschen Lebensmittel, insbesondere Zucker und hochglykämische Kohlenhydrate (zu dieser Art von Kohlenhydraten, die besonders schnell in Blutzucker umgewandelt werden, gehören unter anderem Mehl, weißer Reis, Müsli, Nudeln, Bananen) führt zum plötzlichen Anstieg des Insulinspiegels, um den Blutzucker zu reduzieren. Nach Dr. Barry Sears führt der erhöhte Insulinspiegel zur Überproduktion von Bronchokonstriktoren.[1] Bronchokonstriktoren verengen die Atemwege und erschweren daher die Atmung und damit die Aufnahme von genügend Sauerstoff. Jeder, der schon einmal einen Asthmaanfall hatte, weiß, wovon die Rede ist.

Wenn Sie nur schwer durch die Nase atmen können, kann es auch daran liegen, dass Sie gewohnheitsmäßig durch den Mund Luft holen. An anderer Stelle habe ich bereits erwähnt, dass Sie umso mehr Kohlendioxid verlieren, je mehr Sie durch den Mund atmen, und das kann dazu führen, dass das Gewebe in der Nase und den anderen Atemwegen anschwillt und verstopft wird, was die Atmung erschwert.

Nasenatmung beim Sport

Viele Leute, die normalerweise durch die Nase atmen, finden es selbstverständlich, beim Training durch den Mund zu atmen. Dies halten jedoch viele Körper- und Atemtherapeuten, Sportlehrer und Mediziner für falsch.

Zu ihnen gehört auch Peg Jordan, Krankenschwester und Begründerin des *American Fitness Magazine*. In ihrem Buch *The Fitness Instinct* berichtet sie von John Douillard, einem Ayurveda-Praktiker, der mit Tennisstars wie Martina Navratilova arbeitete. Diese versuchte er dazu zu bringen, ihre Trainingsintensität »so zu reduzieren, dass sie dabei immer noch durch die Nase atmen konnten«. Gegen ihren anfänglichen Widerstand konnte er sie mit Hilfe einer ganzen Reihe von Tests davon überzeugen, dass durch ein derartiges Training

»ihre Leistungen, ihre Ausdauer, Konzentrations- und Koordinationsfähigkeit tatsächlich gesteigert« wurden. Jordan schreibt: »Douillard wusste, dass die Mundatmung dazu tendiert, nur die oberen Lungenflügel aufzupumpen, die mit den sympathischen Nervenfasern verbunden sind, jenem Teil des Nervensystems, das die Kampf-oder-Flucht-Reaktion auslöst. ... Wenn man auf Nasenatmung umstellt, wird die gesamte Lunge mit Luft gefüllt, auch die unteren Lungenflügel, die mit dem parasympathischen Teil des Nervensystems verbunden sind, der dafür zuständig ist, den Körper zu beruhigen, die Herzfrequenz zu verringern, zu entspannen und zu besänftigen. Wenn man richtig durch die Nase atmet, kommen beide Teile des Nervensystems zum Einsatz. Manchmal steht der Fuß eben auf der Bremse, manchmal auf dem Gaspedal. Dieses Vor und Zurück ist ein Balanceakt, den der Körper ganz von allein beherrscht und der auch von der Seele sehr geschätzt wird.«[2]

Mit anderen Worten sorgt die richtige Nasenatmung für eine Balance des Nervensystems, welche die Mundatmung nicht zuwege bringt. Wenn man sich erst einmal daran gewöhnt hat, auf diese Weise zu trainieren – nur so viel zu tun, dass man dabei immer noch durch die Nase atmen kann –, garantiert diese Balance den wirksamsten, nachhaltigsten und befriedigendsten Einsatz unserer physischen, emotionalen und mentalen Ressourcen.

Nasendilatoren

Heutzutage wird häufig die Benutzung von Nasendilatoren empfohlen, um mehr Sauerstoff durch die Nase aufnehmen zu können. Neuere Erkenntnisse deuten jedoch darauf hin, dass Nasendilatoren zwar im Schlaf bei Atemproblemen helfen können, dass sie im Wachzustand aber weder die Sauerstoffaufnahme noch die sportliche Leistung positiv beeinflussen.[3]

Für jeden, der sich ein bisschen intensiver mit dem Atem beschäftigt hat, ist das keine große Überraschung. Bei Menschen mit gesunden Lungenfunktionen stellt die Aufnahme und Abgabe von Luft durch die Lunge nur den ersten Schritt dar. Ebenso wichtig ist es, dass der Sauerstoff in der Lunge effizient ins Blut transportiert wird und von dort in die Hirn- und Körperzellen. In kürzerer Zeit mehr Luft ein- und auszuatmen (was Nasendilatoren durch die Verkleinerung des Luftwiderstands ermöglichen) erleichtert vielleicht den ersten Schritt, aufgrund der übermäßigen Kohlendioxidabgabe kann es dabei aber sogar zu einer Verringerung der Sauerstoffmenge kommen, die Körper und Hirn zur Verfügung gestellt werden.[4]

Davon abgesehen ist auch der Luftwiderstand selbst ein wichtiger Aspekt des ganzen Atemprozesses und jede Veränderung kann zu unvorhersehbaren Folgen führen. Es geht eindeutig nicht nur um die Menge von Luft, die unsere Lunge aufnimmt, sondern auch darum, ob die Art und Weise, in der wir atmen, uns ernähren und leben den wirksamen Transport von Sauerstoff in die Hirn- und Körperzellen erleichtert oder nicht.

Die Kunst der mühelosen Bemühung bei der Atemarbeit

Ohne dass wir uns dessen bewusst sind, strengen sich viele von uns bei der Atemarbeit zu sehr an. Unsere Anstrengungen beruhen auf Kraft und Willenskraft und nicht auf Können und Feingefühl. Statt uns der Gesetze des natürlichen, gesunden

Atmens zu bedienen, arbeiten wir gegen sie an. Je mehr wir *versuchen*, natürlich zu atmen, desto mehr spannen wir uns seelisch, emotional und körperlich an und schränken die Bewegung des Zwerchfells sowie der anderen Atemmuskeln ein. Das ist nicht nur Energieverschwendung, sondern überflutet auch den Körper mit überschüssigem Adrenalin und Stoffwechselschlacken. Unnötige Anspannung beschleunigt Herz- und Atemfrequenz. Unnötige Anspannung versetzt auch das Sinnensystem in Alarmbereitschaft, richtet Notsignale ans Gehirn, wodurch sich Stress und sonstige Anspannung nur weiter erhöhen.

Wenn man lernen möchte, natürlich und gesund zu atmen, besteht einer der Hauptschlüssel in einer gewissen Unangestrengtheit und Behaglichkeit. Gehen Sie, um ein Beispiel zu nennen, bei der Bauchatmungsübung ganz langsam, sanft und geduldig vor. Achten Sie darauf, dass Ihre Hände warm genug sind, wenn Sie sie auf Ihren Bauch legen. Nehmen Sie das Gefühl von Wärme und Beruhigung intensiv wahr. Es wird Ihnen helfen, sich zu entspannen, und die Bewegung Ihres Atems in diese Körperpartie lenken.

Auf diese wohlige Weise werden Sie in der Atemarbeit immer mehr von der Wahrnehmung dessen geleitet werden, was tatsächlich geschieht, als von einem Bild der Ereignisse, wie sie sich Ihrer Meinung nach abzuspielen hätten. Und genau darauf kommt es an. Entscheidende Fortschritte in der Atemarbeit machen wir in dem Maße, in dem sich unsere Sensibilität für die inneren Wahrnehmungen verbessert.

Kommen wir noch einmal auf das Beispiel mit der Bauchatmungsübung zurück. Dabei spüren Sie vielleicht, dass sich Ihr Bauch beim Einatmen ausdehnen will, dass ihn aber irgendetwas davon abhält. Dann sind Sie vielleicht versucht, die Muskulatur einzusetzen, damit sich der Bauch ausdehnt. Widerstehen Sie dieser Versuchung. Bleiben Sie einfach bei der Wahrnehmung, die Sie gerade haben, und massieren Sie sich die Nabelgegend. Lassen Sie das Gebiet, das Sie massieren, dabei immer größer werden, sodass es schließlich Ihren ganzen Bauch umfasst. Während dieser sanften Massage wird sich Ihre Bauchmuskulatur allmählich entspannen. Genießen Sie dieses zunehmende Gefühl von Entspannung, und bald werden Sie spüren, dass Ihr Bauch schon viel mehr in den Atemprozess einbezogen ist. Wenn Sie lange genug so geübt haben, werden Sie Ihre Hände irgendwann gar nicht mehr brauchen. Dann wird es vollkommen reichen, wenn Sie Ihre Aufmerksamkeit in Ihren Bauch richten, um den Atem dorthin zu lenken.

Zusammenfassend kann man sagen: Strengen Sie sich weniger an und genießen Sie mehr, wenn Sie die Übungen aus diesem Buch machen. Mühelose Bemühung ist das Zauberwort. Bei den meisten Menschen ziehen Anstrengungen unnötige Muskelkontrationen und -spannungen nach sich. Und wenn der Körper von all diesen unnötigen Kontraktionen und Spannungen befreit ist, findet er in jeder Situation die angemessenste Art zu atmen.

Bewusstes Stehen

Wir Menschen verbringen die meiste Zeit in einer von drei Stellungen: liegen, sitzen, stehen. Diese Körperhaltungen spiegeln die unterschiedlichen Seinsweisen wider: Das Liegen, wobei wir von vielen Auswirkungen der Schwerkraft auf den Körper befreit sind, aktiviert das parasympathische Nervensystem, eine Empfindung unserer vegetativen Wirklichkeit. Diese Haltung entspannt in der Regel und führt zu Unbewusstheit und Träumen. Das Stehen, wobei wir der Schwerkraft am stärksten unterliegen, aktiviert das sympathische Nervensystem, eine

Empfindung der Ziele und des Strebens, die mit unserem Selbstbild zusammenhängen. Diese Haltung eignet sich besonders für Wachheit und aktives Tun. Das Sitzen, das in gewisser Weise eine Zwischenposition einnimmt, aktiviert sowohl das parasympathische als auch das sympathische Nervensystem, wenn auch nicht ganz so sehr, wie es im Stehen beziehungsweise im Liegen der Fall ist. Diese Haltung empfiehlt sich für Meditation und stille Betrachtung.

Zwar werden die meisten Meditationstechniken im Sitzen gelehrt, aber die auch im Westen heutzutage immer beliebter werdenden Stehübungen aus dem chinesischen Qi Gong eröffnen einen bedeutenden und (für uns) neuen Ansatz der Selbsterkundung und Selbstveränderung. Die authentischen Stehübungen aus dem Qi Gong (Qi Gong bedeutet schlicht und ergreifend Energiearbeit) sind dafür gedacht, unsere inneren Energien erhalten, ins Gleichgewicht bringen und transformieren zu helfen und uns zugleich für die Energien der Erde, der Natur und des Himmels zu öffnen. Da diese Übungen all die verschiedenen Energien harmonisieren helfen können, die uns zur Verfügung stehen, passen sie geradezu ideal zu Gesundung und Selbstveränderung.

Loslassen lernen

Einer der entscheidenden Aspekte des Stehens im Qi Gong, der häufig übersehen wird, besteht jedoch darin, dass man dabei lernen kann, sowohl physisch als auch psychisch »loszulassen«. Vielleicht haben Sie schon einmal gehört oder gesehen, dass zum Beispiel ein Tai-chi-Meister, der total entspannt dasteht, nicht aus dem Gleichgewicht zu bringen ist und sich nicht umwerfen lässt, egal wie klein er oder wie groß und stark die Person auch sein mag, die es versucht. Dabei geht es darum zu lernen, wie man die unnötige Anspannung im Körper loslässt und es seinem Körpergewicht gestattet, durch die Knochen, Sehnen und Bänder hinab zu sinken und sich im Erdboden zu verankern. Wer das kann, wird nicht allein körperlich, sondern auch energetisch von der Erde getragen. Man muss kein Meister sein, um das zu lernen, allerdings braucht man in der Regel einen Lehrer, der einem die Prinzipien erläutert, auf denen ein derartiges Stehen beruht.

Wenn man intensiv und lange genug an dieser Übung arbeitet, wird man allmählich verstehen, dass körperliches Loslassen ohne psychisches nicht möglich ist und psychisches nicht ohne körperliches Loslassen. Man bekommt mit absoluter Sicherheit mit, dass die alten, überkommenen Gedanken, Einstellungen, Emotionen und Eindrücke von Geist und Seele den unnötigen Spannungen und Gewohnheiten unseres Körpers entsprechen und auf Gedeih und Verderb mit ihnen verbunden sind. Wenn es zu einer wirklichen Veränderung kommen soll, muss man mit Körper und Seele gleichzeitig arbeiten. Bevor wir eine solche Veränderung allerdings anstreben können, müssen wir uns davon überzeugen, dass diese Verbindung tatsächlich existiert. Machen Sie ein Experiment. Achten Sie in den nächsten Tagen so oft es Ihnen möglich ist darauf, wie Sie in den verschiedenen Situationen unterschiedlich dastehen. Fahren Sie mit der Übung erst fort, wenn Sie ein paar Mal Gelegenheit zu diesem Experiment hatten.

Wir stehen selten einfach nur da

Wenn Sie bei Ihren Beobachtungen ganz ehrlich sind, werden Sie feststellen, dass Sie tatsächlich nur selten »einfach nur dastehen«, dass Sie nebenbei fast immer noch irgendetwas anderes tun. Sie werden sich dabei ertappen, dass Sie sich automatisch und ganz unbewusst an eine Wand lehnen, die Hände über dem Bauch oder der Brust verkreuzen, sie in die Hosentasche stecken, den Körper irgendwie verdrehen, Ihr Gewicht verlagern und dergleichen mehr. Wenn Sie sich in den verschiedenen Haltungen beim Stehen beobachten, achten Sie darauf, ob Sie Ihr Atemgeschehen und die verschiedenen Spannungen in Ihrem Körper spüren können. Vielleicht können Sie auch die Gedanken und Gefühle wahrnehmen, die Sie haben. Lesen Sie bitte erst weiter, wenn Sie dies einige Tage lang ausprobiert haben.

Wenn Sie sich einen genauen Eindruck davon verschafft haben, wie Sie normalerweise stehen, können Sie ein weiteres Experiment durchführen. Egal, ob Sie allein sind oder in Gesellschaft, verteilen Sie Ihr ganzes Körpergewicht gleichmäßig auf beide Füße. Die Hände hängen einfach am Oberkörper herab, die Handflächen zeigen nach hinten. Achten Sie darauf, dass Ihr Gewicht nicht auf den Fußballen oder Fersen ruht, sondern auf dem ganzen Fuß. Spüren Sie, dass die Erde Sie trägt und dass Sie nichts anderes tun müssen, als wahrzunehmen, wie Sie dastehen. Versuchen Sie dabei, ein Gespräch zu führen. Können Sie auch beim Sprechen und Zuhören noch so stehen bleiben, dass Ihr Körpergewicht gleichmäßig verteilt ist und Sie ein Gefühl von Offenheit und Verletzlichkeit beibehalten? Schauen Sie, ob Sie den genauen Zeitpunkt mitbekommen, an dem sich diese Offenheit verflüchtigt und Sie anfangen, sich zu verdrehen, sich anzulehnen, Ihr Gewicht zu verlagern oder die Hände einsetzen, um einen Körperteil zu verdecken oder zu schützen. Wenn Sie dieses Experiment über einige Tage oder Wochen hinweg ernsthaft fortsetzen, werden Sie viele neue, informative Eindrücke von sich gewinnen.

Dann sind Sie bereit, das Experiment noch ein wenig weiter zu treiben. Stellen Sie sich, wenn Sie allein und ungestört sind, hin, Füße parallel, (höchstens) schulterbreit auseinander, die Knie ein wenig gebeugt. Die Hände hängen ganz natürlich am Oberkörper herab, die Handflächen zeigen nach hinten. Entspannen Sie Schultern, Schulterblätter und Brustkorb. Richten Sie Ihr Steißbein vorsichtig so aus, dass es praktisch direkt zum Erdboden zeigt. Dabei flacht sich die Krümmung Ihres unteren Rückens automatisch ab. Schauen Sie, ob Sie spüren können, dass sich Ihr unterer Rücken und das Kreuzbein unmittelbar an Ihre Oberschenkel anschließen.

Sowie Sie sich in dieser Haltung (siehe Abbildung A.1) einigermaßen wohl fühlen, tasten Sie mit Hilfe Ihrer Aufmerksamkeit Ihren ganzen Körper von der Schädeldecke bis zu den Fußsohlen langsam ab und registrieren dabei alle unnötigen Spannungen in Gewebe und Muskulatur. Versuchen Sie nichts zu verändern, während Sie Ihren Körper untersuchen. Einfach nur beobachten und wahrnehmen. Hören Sie vor

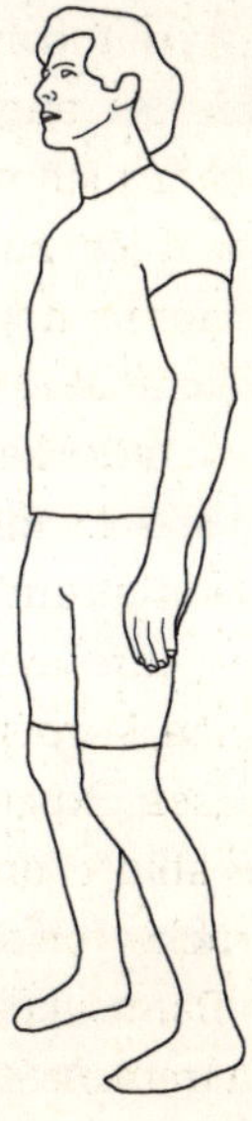

Abbildung A.1
Grundstellung im Stehen

allen Dingen nicht auf zu atmen; halten Sie den Atem keinesfalls an.

Wenn Sie bei den Fußsohlen angelangt sind, fangen Sie wieder bei der Schädeldecke an und schauen, ob es Ihnen möglich ist, die unnötigen Spannungen im Gewebe und in der Muskulatur ganz allmählich durch Ihren Körper hindurch in die Erde zu entlassen. Während Sie es versuchen, werden Sie eine neue Dimension inneren Gleichgewichts wahrnehmen, das Gefühl, von der Erde getragen zu werden und in ihr verwurzelt zu sein. So, als stiege der Atem durch die Füße direkt aus der Erde empor. Machen Sie diese Stehübung täglich mindestens fünf Minuten lang. Wenn sich Beine und Becken in dieser Haltung richtig wohl fühlen, können Sie die Übung auf zehn bis fünfzehn Minuten ausdehnen.

Nach einigen Wochen können Sie beginnen, im Alltag mit der Übung zu experimentieren – zum Beispiel, wenn Sie mit Freunden sprechen, irgendwo anstehen oder so. Dabei geht es nicht darum, dass Sie genau dieselbe Haltung einnehmen wie wenn Sie allein sind, sondern vielmehr darum, dass Sie Ihre gesamte Körperspannung durch den Körper in die Erde entlassen. Schauen Sie, ob Sie »einfach dastehen« können, das Körpergewicht gleichmäßig auf beide Füße verteilt, die Arme locker am Körper herabhängend, in totaler Offenheit für alle Eindrücke oder Wahrnehmungen des Augenblicks. Wenn Sie spüren, dass irgendein Gedanke oder irgendeine Emotion dazu führt, dass sich ein Teil Ihres Körpers verspannt, kehren Sie einfach zur Wahrnehmung des Entlassens dieser Spannung in die Erde zurück. Wenn Sie auf diese Weise in den unterschiedlichen Situationen Ihres Lebens weiterarbeiten, werden Sie bald ein tiefes Empfinden nicht nur physischer, sondern auch mentaler und emotionaler Entspannung erleben. Sie werden bemerken, dass Sie spontan viel von dem »loslassen«, was aktuell oder insgesamt in Ihrem Leben unnötig ist.

Bewusstes Gehen

Obwohl wir es in der Regel als gegeben hinnehmen, kann das Gehen eine der tiefgründigsten Aktivitäten unseres Lebens sein. Wir Menschen gehen aus vielen Gründen: um an einen bestimmten Ort zu gelangen, um fit zu bleiben, um uns zu entspannen, um etwas zu erkunden, um Spaß zu haben, zu flüchten, wenn wir gründlich nachdenken möchten, aus einigen dieser Gründe zusammen oder aus ganz anderen Motiven. Manchmal gehen wir auch nur aus dem einen Grund, weil wir das Gefühl haben, es sei im Moment genau das Richtige. Obwohl den meisten von uns der Wert des Gehens unmittelbar einsichtig ist, denken wir so gut wie nie über den Akt an sich nach – darüber, *wie* wir so gehen können, dass wir ein Höchstmaß an Spaß und Nutzen aus dieser bemerkenswerten Aktivität ziehen.

Wenn ich mich bei Leuten erkundige, wie sie eigentlich gehen, sind die meisten über die Frage verblüfft. Sie denken, egal, wie sie es tun, es erfüllt seinen Zweck – es befördert sie an den Ort, den sie erreichen wollen, oder verbessert ihre Fitness.

Wenn es darum geht, spielt es tatsächlich keine Rolle, wie wir genau gehen, solange es nur schnell genug ist. Vom Standpunkt der Atmung, unserer gesamten Gesundheit und unseres Wohlbefindens aus betrachtet spielt es allerdings sehr wohl eine Rolle. Denn die starre, roboterartige Bewegung, die viele Leute Gehen nennen, richtet oft mehr Schaden an als sie Nutzen bringt, und zwar sowohl physisch als auch psychisch.

Gehen stellt nicht nur für den Körper, sondern auch für die Seele eine lebenswichtige Aktivität dar. Abgesehen davon, dass es gut ist für unser Herz-Kreislauf-System, trägt Gehen auch dazu bei, dass wir uns entspannen, Energie tanken und Stress abbauen. Es kann uns für die tiefen Zusammenhänge und flüssigen Rhythmen von Bewegung und Atem öffnen und helfen, das Bewusstsein für unsere reiche Welt der inneren Wahrnehmung zu intensivieren. Überdies werden beim Gehen die chemischen Substanzen gebildet, die uns ein Gefühl von Vitalität und Wohlbefinden geben. Um aber in den vollen Genuss all der positiven Effekte zu kommen, die das Gehen bieten kann, dürfen wir es nicht als eine Aktivität betrachten, die wir bereits beherrschen, sondern als eine Kunst, die wir erst erlernen müssen.

Die Kunst des Gehens erlernen

Auch wenn man die Kunst des Gehens erlernen möchte, besteht der erste Schritt in bewusster Wahrnehmung beziehungsweise Aufmerksamkeit – also darin, dass Sie darauf achten, wie Sie tatsächlich gehen. Passen Sie aber auf, dass Sie Aufmerksamkeit nicht mit Denken gleichsetzen. Anderenfalls erleiden Sie das Schicksal des Tausendfüßlers, der keinen Fuß mehr vor den anderen setzen konnte, als man ihn fragte, mit welchem er denn wohl angefangen hatte.

Wenn Sie das nächste Mal gehen, nehmen Sie sich ein paar Minuten Zeit und richten Ihre Aufmerksamkeit auf sich selbst. Wie fühlen Sie sich beim Gehen? Welches Motiv liegt Ihrem Gehen zugrunde? Können Sie es kaum erwarten, dass Sie es hinter sich haben, oder genießen Sie jeden einzelnen Schritt und jeden Atemzug?

Wenn Sie nervös oder ungeduldig sind, haben Sie vermutlich viel unnötige Spannung in der Muskulatur, die dazu führt, dass Sie sich unbehaglich fühlen und schnell müde werden. Die Kunst des bewussten Gehens hängt davon ab, dass sich alle Teile Ihres Körpers ohne unnötige Verspannungen rhythmisch und harmonisch bewegen können.

Die Gelenke öffnen und schließen

Beobachten Sie sich und nehmen dabei die Bewegungen Ihrer verschiedenen Körperteile wahr. Beobachten Sie den jeweiligen Bewegungsradius. Schwingen etwa Ihre Arme entgegengesetzt zu den Beinen bequem und natürlich vor und zurück und helfen dabei Ihren Gelenken und den Atemräumen, sich zu öffnen und zu schließen, oder werden sie durch eine verspannte Schulter- und Halspartie oder aber auch durch irgendein »Bild« davon, was man Ihrer Meinung nach mit den Armen tun sollte, in ihrer Bewegung gehemmt? In Bezug darauf schreibt die Neurowissenschaftlerin Candace Pert, beim Gehen lasse sie »bei jedem Schritt die entgegengesetzte Hand vorschwingen ... Auf irgendeine Weise setzt dies den Informationsaustausch von linker und rechter Gehirnhälfte in Gang und bricht die alten Muster von Besorgnis und Grübelei auf. Ich habe herausgefunden, dass es mir unmöglich ist, in unproduktiven alten Gedankenmustern zu verharren, wenn ich meinen Körper auf diese Weise bewege«.[5]

Bleibt Ihr Becken beim Gehen steif, oder schwingt es auf ganz natürliche Weise seitwärts? Wenn Sie Ihrem Becken gestatten, sich beim Gehen natürlich hin und her zu bewegen, so hilft dies den Gelenken, sich zu öffnen und zu schließen, es unterstützt den Blut- und Lymphfluss im ganzen Körper, trainiert alle inneren Bänder, Sehnen und Muskeln, es bringt eine wellenförmige Bewegung hervor, die Ihre Wirbelsäule und die inneren Organe massiert und öffnet Ihre Atemräume.

Werden Sie sich Ihrer Füße bewusst

Richten Sie jetzt Ihre Aufmerksamkeit auf die Füße. Spüren Sie, wie sie abwechselnd auf dem Boden aufsetzen? Nehmen Sie wahr, wenn sie sich vom Boden abheben? Fühlen sich Ihre Füße verspannt an? Oder entspannt? Kommen sie hart oder weich auf dem Boden auf? Rollen sie von der Ferse bis zu den Zehen ab? (Wenn sie hart auf der Ferse aufsetzen, ist es auf Dauer nicht gut für die Wirbelsäule.) Spüren Sie Ihre Zehen? Spielen Sie mit der Art, wie Sie mit den Füßen aufkommen. Schauen Sie, ob Sie in Verbindung mit der schwingenden Bewegung von Armen und Becken ein sanftes Rollen verspüren. Wenn ja, lösen sich die unnötigen Spannungen in den Füßen, Beinen, im Becken und in den Schultern auf und Sie werden sich geerdet und extrem leicht zugleich fühlen. Sie werden die Erdanziehungskraft als eine Macht erleben, die Ihnen nicht nur Schwergewicht verleiht, sondern Sie auch anhebt und Schritt für Schritt mühelos vorwärts bringt.

Nehmen Sie Ihre Atmung wahr

Achten Sie jetzt darauf, ob Sie Ihre Atmung wahrnehmen können. Spüren Sie jedes Einatmen, jedes Ausatmen. Wo im Körper haben Sie das Gefühl, dass Ihr Atem seinen Anfang nimmt – in den Füßen, im Bauch, in der Brust, der Kehle? Der taoistische Weise Chuang Tsu sagte, der wahre Mensch atme mit den Fersen, die Mehrheit jedoch mit der Kehle. Während Sie beim Gehen allmählich unnötige Spannungen loslassen, werden Sie erleben, dass Ihr Atem tiefer in den Körper hinein reicht und Teile Ihrer selbst lebendig macht, die Sie nur ganz selten wahrnehmen. Wenn es soweit ist, werden sich Leistungsfähigkeit und Kapazität Ihres Atemsystems verbessern.

Infolgedessen werden Sie weitere Strecken gehen können, ohne zu ermüden. Und, was vielleicht sogar noch wichtiger ist, Sie werden Ihren Körper auf eine neue, umfassendere und energetischere Art und Weise spüren.

Innerhalb der Energieatmosphäre Ihres Atems gehen

Und nun versuchen Sie es mit der nächsten, sehr wirkungsvollen Übung. Gehen Sie, wenn Sie sich das nächste Mal aufmachen, innerhalb der Energieatmosphäre Ihres Atems. Dieses Experiment können Sie unterstützen und beleben, indem Sie aufmerksam auf die weite Empfindung Ihres Körpers als Ganzes achten, auf die Atmosphäre, die Sie umgibt und beim Gehen mit Ihrem Körper interagiert, und auf die feinen Bewegungen und Energien Ihres Atems, wenn Sie Luft aus dieser Atmosphäre einatmen und sie beim Ausatmen wieder an sie abgeben. Erleben Sie das Gefühl, dass es beim Gehen eigentlich kein anderes Ziel zu erreichen gilt als eine tiefere Tiefe in der Energieatmosphäre Ihres Atems – Ihrer Lebenskraft.

Die Kunst des Gehens beginnt mit Bewusstsein

Wie bereits angedeutet, beginnt die Kunst des Gehens mit Bewusstwerdung, wie es bei allem im Leben der Fall ist. Beim Gehen Aufmerksamkeit walten zu lassen ist eine ganz außerordentliche Erfahrung, die ähnlich viel Nutzen bringt wie Tai-chi oder Qi Gong bei vollem Bewusstsein. Aufmerksames Gehen ist gut für die Gesundheit und erhöht unser Wohlbefinden. Es hilft das Leben unmittelbar zu erleben, während es uns bewegt und sich durch uns hindurch bewegt. Es hilft, die innere und äußere Welt mit größerer Klarheit zu erkennen. Jeder Schritt ist ein neues Abenteuer, eine neue Chance, auf der Reise durch Raum und Zeit neue Aspekte unserer selbst und der Welt zu entdecken. Jeder Schritt bietet eine Gelegenheit, nach Hause zu kommen und das Wunder unserer Existenz hier und jetzt zu erfahren, wo immer wir uns auf der grenzenlosen Reise durch Raum und Zeit auch gerade befinden mögen.

Anhang B

Hilfreiche atembezogene Übungen für den Alltag

Eine ungefährliche, einfache Übung zur Stressbewältigung

Zahlreiche medizinische Probleme haben mit übermäßigem Stress zu tun, unter anderem Herzkrankheiten, Bluthochdruck, Geschwüre, Sodbrennen, Gehirnschlag und viele andere. Zwar haben viele von uns schon gehört, dass es hilft, wenn man mitten im Stress tief durchatmet, aber nur die wenigsten wissen, wie das eigentlich geht. Wir wissen nicht, wie man Seele und Emotionen beruhigt und die unnötigen Spannungen in Zwerchfell, Brustkorb, Bauch und Rücken beseitigt, die unser Atmen beeinträchtigen. Infolgedessen ist das Ergebnis unserer Bemühungen, tief durchzuatmen, häufig ein flaches, schnelles Atmen, das uns tendenziell nur noch nervöser, unruhiger und angespannter macht, als wir es ohnehin schon sind.[1]

Zwar ist es auf Dauer natürlich höchst wichtig zu lernen, wie man Seele und Emotionen beruhigen und unnötige Spannungen in der Atemmuskulatur beseitigen kann, aber es gibt auch eine einfache Atemübung, die der Entspannung dient und die Sie in der Zwischenzeit durchführen können. Dabei betonen und verlängern Sie Ihr Ausatmen. Ausführliches Ausatmen hilft dabei, das parasympathische Nervensystem einzuschalten und die »Entspannungsreaktion« auszulösen.

Bei dieser Technik haben Sie nichts anderes zu tun als sicherzustellen, dass Sie länger aus- als einatmen. Sie müssen dabei nicht einmal zählen. Richten Sie einfach Ihre Aufmerksamkeit auf das Ausatmen. Spüren Sie, wie die Atemluft aus der Lunge langsam und sanft durch die Nase ausströmt. Wenn Sie fertig ausgeatmet haben, richten Sie Ihre Aufmerksamkeit nicht gleich wieder aufs Einatmen. Geben Sie sich keine Mühe einzuatmen. Warten Sie einfach, wie es sich ganz von selbst einstellt. Tun Sie dies einige volle Atemzüge lang.

Wenn Ihr Ausatmen auch nach einigen Atemzyklen immer noch nicht länger ist als das Einatmen, stellen Sie sich nur vor, dass Sie langsam und ganz mühelos mit leicht gespitzten Lippen eine einzelne Kerze ausblasen. Tun Sie auch dies wieder einige Atemzüge lang, und Sie werden bald merken, wie Sie sich allmählich entspannen. Um diese Entspannung noch zu vertiefen, können Sie einige Atemzüge lang beim Ausatmen summen.

Diese Übung ist absolut risikofrei, also können Sie sie so oft durchführen, wie Sie mögen. Entscheidend ist nur, dass Sie sanft und mühelos atmen.

Die Atmung verlangsamen

In Physiologielehrbüchern heißt es zwar, die durchschnittliche Atemfrequenz eines Erwachsenen betrage ungefähr zwischen zwölf und fünfzehn Atemzüge pro Minute, wer aber ernsthaft Qi Gong, Yoga oder Tai-chi betreibt, atmet wesentlich weniger häufig. Und zahlreiche Forschungsergebnisse zeigen, dass es großen physischen, emotionalen und mentalen Nutzen bringt, seltener zu atmen.

In einer Studie, die in der *Lancet*-Ausgabe vom zweiten Mai 1998 veröffentlicht wurde, setzen Herzforscher der Universität von Padua in Italien die optimale Atemfrequenz mit sechs Atemzügen pro Minute fest. Das ist ein erheblicher Unterschied zu den durchschnittlichen zwölf bis fünfzehn Atemzügen im Ruhezustand. Bei Patienten, die mit Hilfe spezieller Übungen zur Tiefenatmung lernten, ihre Atemfrequenz zu drosseln, erhöhte sich der Sauerstoffspiegel im Blut, und auch bei sportlichen Belastungstests schnitten sie besser ab. Der Studie zufolge kann ein niedriger Sauerstoffgehalt, wie er bei Herzpatienten in der Regel anzutreffen ist, »die Stoffwechsel-

und Muskelfunktion beeinträchtigen und zu Muskelatrophie und Belastungsintoleranz führen«. Die Autoren kamen zu dem Schluss, dass ihre Ergebnisse Erkenntnisse anderer Forscher bestätigten, die »auf den gesundheitlichen Nutzen eines Trainings der Atemmuskulatur, einer geringeren Atemtätigkeit und allgemein körperlichen Trainings (für Herzpatienten) hindeuten«.

Die großen spirituellen Traditionen der Welt bedienen sich alle ritueller Methoden, von denen die meisten darauf hinauslaufen, dass es ohne größere Anstrengungen zu einer Verlangsamung des Atems kommt: Meditation, Mantras, Gebete, Sprechgesang, Qi Gong, Tai-chi und Yoga.[2] Da viele von uns aber keine dieser Aktivitäten praktizieren, sind unser Atem, aber auch unser Leben gewöhnlich ungebremst dem ganzen Stress ausgeliefert, den uns der Alltag kulturell oder individuell beschert, es sei denn, wir machen spezielle Atemübungen.

Es gibt zahlreiche risikofreie Arten, das Atmen zu entschleunigen, doch die wichtigste besteht darin, dass man lernt, sich aller Atemräume im Körper zu bedienen. Wenn Sie die Übungen in diesem Buch lange und regelmäßig genug durchführen, werden sie dieses Ergebnis zeitigen. Für die Zeit, bis es soweit ist, gibt es sichere, natürliche Methoden, die, täglich einige Minuten lang angewendet, auch zur Verlangsamung des Atmens führen. Wenn Sie konsequent über ein paar Wochen hinweg jeden Tag einige Minuten trainieren, werden Sie schließlich erleben, dass sich Ihr Atmen auch außerhalb der Übungen spontan verlangsamt.

Hier sind zwei einfache, wirksame lautgestützte Atemübungen, mit denen Sie Ihr Ausatmen verlangsamen und die Atemfrequenz auf etwa sechs Atemzüge pro Minute reduzieren können. Ihr Ziel besteht darin, jeden vollständigen Atemzug (Einatmen/Ausatmen/Atempause) völlig unkompliziert auf eine Länge von circa zehn Sekunden zu bringen. Doch nicht nur das bewirken die folgenden Übungen, sondern sie werden darüber hinaus auch Ihr Zwerchfell so trainieren, dass es seinen vollen Bewegungsspielraum ungehindert und natürlich ausschöpfen kann.

Die Zählübung

Für diese Übung brauchen Sie zunächst eine Uhr mit einem Sekundenzeiger. Der erste Schritt besteht darin, dass Sie in Erfahrung bringen, wie schnell Sie im Ruhezustand (sitzend) ein- und ausatmen. Das geht am einfachsten, indem Sie die Anzahl Ihrer kompletten Atemzüge pro Minute bestimmen. Beziehen Sie diese Zahl dann einfach auf sechzig. Bei den meisten Menschen ergibt sich dabei eine Länge von vier bis fünf Sekunden pro Atemzug (Einatmen/Ausatmen/Atempause). Versuchen Sie bitte nicht, irgendwelche besondere Anstrengungen zu unternehmen, wenn Sie Ihren Atem stoppen, versuchen Sie also nicht mehr beziehungsweise schneller oder weniger beziehungsweise langsamer zu atmen. Atmen Sie einfach genau so, wie Sie es sonst auch tun.

Sowie Sie wissen, wie lange Sie im Allgemeinen für einen Atemzug benötigen, besteht der zweite Schritt darin, dass Sie Ihr Ausatmen (nicht das Einatmen) so verlängern, dass ein kompletter Atemzug ungefähr zehn Sekunden dauert. Und das geht so: Starten Sie mit dem Einatmen. Beim Ausatmen zählen Sie dann einfach schnell und gleichmäßig von eins bis zehn. Zählen Sie ohne Pause zwei- bis dreimal bis zehn und atmen dann durch den Mund aus (als wollten Sie ganz sanft eine Kerze ausblasen) und warten, bis sich der Einatem ganz von selbst wieder einstellt. Wenn dann jeder Atemzug (von einem Einatmen zum nächsten) zehn oder mehr Sekunden in

Anspruch nimmt, wunderbar. Wenn nicht, fangen Sie einfach beim Ausatmen noch einmal an zu zählen.

Wenn Sie mit der Feinabstimmung dieses Prozesses fertig sind (was nicht länger dauern sollte als ein paar Minuten) und ein klares Gefühl davon bekommen haben, wie es ist, mit einer Frequenz von sechs Atemzügen zu atmen, können Sie die Uhr erst einmal weglegen. Nachdem Sie die Übung aber in den nächsten Tagen und Wochen häufiger wiederholt haben, sollten Sie sich immer mal wieder kontrollieren, denn Sie werden feststellen, dass sich Ihr Einatmen ganz von selbst ein wenig verlangsamt und vertieft, und dann müssen Sie sich beim Ausatmen entsprechend darauf einstellen. Wenn Sie herausfinden, dass Ihr natürlicher Atemrhythmus bei weniger als sechs Atemzügen pro Minuten liegt, ist das völlig in Ordnung. Sie müssen nur darauf achten, dass Ihr Ausatmen immer mindestens so lange dauert wie das Einatmen, oder länger.

Führen Sie diese Übung täglich mindestens zehn Minuten lang durch. Sie atmen dabei durch die Nase ein und beim leise murmelnden Zählen durch den Mund aus. Nach einigen Wochen werden Sie vermutlich feststellen, dass sich Ihre Atemfrequenz verlangsamt, auch wenn Sie die Übung gerade nicht machen. Im Alltag atmen Sie am besten komplett durch die Nase ein und aus und lassen Ihren Atem ganz natürlich fließen.

Die La-la-la-Übung

Eine andere einfache Möglichkeit, Ihr Ausatmen zu verlängern, besteht darin, dabei mehrmals hintereinander den Laut La ... la ... la zu singen (oder ihn, wenn Sie unter Leuten sind, stumm zu bilden). Halten Sie sich dabei an die Anweisungen, die im Abschnitt »Lautgestütztes Atmen« des ersten Kapitels unter »Der Summende Atem« gegeben wurden. Sie sollten auch bei dieser Übung darauf achten, dass Sie mit dem Laut aufhören, bevor Ihnen der (Aus-)Atem ausgeht, stumm durch die Nase fertig ausatmen und warten, bis sich der Einatem von selbst wieder einstellt. Diese Übung eignet sich wunderbar für die tägliche Praxis. Genau wie die Zählübung auch unterstützt sie Ihr Zwerchfell dabei, seinen ganzen Bewegungsspielraum voll ausschöpfen zu können, wodurch Druck auf die Lunge ausgeübt wird und alle inneren Organe, auch das Herz, einer sanften Massage unterzogen werden. Die Übung hat darüber hinaus entspannende Wirkung.

Atmen zur Transformation von Wut

Auch chronische Wut ist ein fester Bestandteil unseres stressigen modernen Alltagslebens. Fast überall machen ständig Leute ihrem Ärger Luft – indem sie Negativität und Disharmonie verbreiten. Wir haben uns so daran gewöhnt, unsere Wut auf zornige Weise auszudrücken, dass es uns nicht nur ganz natürlich vorkommt, sondern dass wir oft auch noch meinen, es sei unser gutes Recht.

Wie ich jedoch bereits in meinem Buch *Das Tao des Atmens* ausgeführt habe, gehen Wissenschaftler davon aus, dass einige Formen, seinen Ärger auszudrücken, die Gesundheit gefährden. Wer häufig zornig ist, beschäftigt sich ständig damit und rechtfertigt dies, indem er seinen Ärger nach außen richtet, häufig in gewaltigen emotionalen Ausbrüchen. Wie bedeutend und wichtig es im jeweiligen Moment allerdings auch scheinen mag, seinem Ärger Ausdruck zu verleihen, das Ergebnis sind in der Regel Herzrassen, eine Schwächung des Immunsystems, erhöhter Blutdruck und Energieverlust.

Es gibt jedoch auch Möglichkeiten, uns durch eine Kombination aus Bewusstsein und Atemübungen von Wut zu befreien und ihren Einfluss auf uns zu verringern. Wenn Sie das nächste Mal zornig werden, beschäftigen Sie sich gar nicht länger damit, verleihen Ihrem Ärger nicht nach außen Ausdruck und versuchen auch nicht, ihn zu unterdrücken, sondern hören einfach darauf, wie er sich in diesem Moment in Ihrem Körper manifestiert. Spüren Sie, wie er sich anfühlt. Achten Sie auf Ihre Körperhaltung und auf alle Spannungen oder Atemblockaden. Verschaffen Sie sich wie bei einer inneren Momentaufnahme einen umfassenden Eindruck davon, was Wut und Zorn Ihrem Körper antun, und lassen dabei auch die Gedanken und Gefühle nicht unbeachtet, die ihn hervorbringen. In einem Moment innerer Aufrichtigkeit und Bewusstheit geht das alles gleichzeitig.

Dann bleiben Sie bei Ihren Empfindungen und zählen einfach (stumm) in einem gleichmäßigen Rhythmus Ihren Einatem und dann Ihren Ausatem. Das tun Sie sieben Atemzüge lang, zählen Ihren Einatmen und verdoppeln die Länge Ihres Ausatems. Wenn Sie also zum Beispiel beim Einatmen bis vier und beim Ausatmen bis drei gezählt haben, zählen Sie die nächsten sieben Atemzüge lang jetzt bis vier beim Einatmen, beim Ausatmen aber bis sechs. (Im Grunde müssen Sie nicht einmal zählen. Es geht einfach darum, Ihr Ausatmen zu verlängern. Denn dadurch schaltet sich Ihr parasympathisches Nervensystem ein und die »Entspannungsreaktion« wird ausgelöst.) Verschaffen Sie sich nach diesen sieben Atemzügen noch einmal einen genauen Eindruck von sich. Achten Sie auf Ihren Körper, Ihre Emotionen und den Atem. Nehmen Sie wahr, inwiefern sich Ihr Bedürfnis, der Wut Ausdruck zu verleihen, verändert hat. Sind Sie immer noch so zornig wie vorher?

Es kann allerdings durchaus sein, dass Sie sich sagen: »Im Moment bin ich viel zu zornig, um diese Übung machen zu können.« Oder: »Aber ich muss diesem Typen jetzt irgendwas sagen. Ich kann ihn nicht einfach so davonkommen lassen.« Oder sogar: »Wenn ich meinen Ärger runterschlucke, ist das schlecht für meine Gesundheit.« Falls Sie solche Kommentare in sich spüren, gucken Sie einen Moment lang genau hin, sowohl innerlich als auch äußerlich. Wenn es Ihnen dabei gelingt, ein bisschen objektiver zu werden, spüren Sie, was Ihnen Ihre Wut alles antut, und dann werden Sie die Übung auf der Stelle durchführen wollen.

Wir müssen den Mut aufbringen, unseren Ärger und Zorn bewusst wahrzunehmen, ihm, falls erforderlich, mit vollem Verantwortungsbewusstsein Ausdruck verleihen und seine Energie in etwas umwandeln, das uns dienlich ist. Wenn Sie es fertigbringen, die Übung genau in dem Moment zu machen, in dem Sie spüren, dass Sie sauer werden, werden Sie bald merken, dass Sie entweder ganz darauf verzichten, Ihrem Ärger Luft zu machen, oder aber dass Sie ihm auf eine weniger mechanische, hilfreichere Art und Weise Ausdruck verleihen. Auch werden Sie feststellen, dass Sie mehr Energie haben, um irgendetwas zu tun, was gerade getan werden muss. Mehr noch: In dem Maße, in dem Sie sich Ihres Atems bewusst werden, wird es Ihnen auch möglich, Ihren Ärger immer früher wahrzunehmen, bevor es zum Siedepunkt kommt. Und dann können Sie intelligent und verantwortungsbewusst damit umgehen.

Atmen zur Schmerzlinderung

Die Art und Weise, in der wir atmen, hat auch erheblichen Einfluss darauf, wie wir Schmerz empfinden. Tiefes Durchatmen kann zum Beispiel oft die Schmerzen lindern. Das liegt unter anderem daran, dass in der Lunge eine hohe Konzentration von Peptiden herrscht, jene »Proteinteilchen, die beim Denken und Fühlen eine Rolle spielen«, und diese Peptide kommunizieren mit der periaqueductal gray area (PAG) im Rautenhirn.

Dieser Hirnbereich enthält viele Rezeptoren für die natürlichen Opiate, die der Körper produziert. So kann eine tiefe Atmung das »Profil der Lungenpeptide« beeinflussen und ihnen helfen, mit der PAG im Mittelhirn zu kommunizieren und somit die Opiate im Körper vermehren. Das Ergebnis ist die Erhöhung der Schmerzschwelle.[3]

Natürlich dienen viele der Übungen in diesem Buch der Verlangsamung und Vertiefung Ihres Atems. So ist zum Beispiel die Bauchatmungsübung, die Sie unter »Berührungsgestütztes Atmen« im ersten Kapitel finden, ganz ausgezeichnet dafür geeignet.

Zusätzlich können Sie die folgende Übung durchführen, um Schmerzen zu lindern oder sogar zu stillen. Wenn Sie deren Ursache jedoch nicht kennen, sollten Sie unbedingt vorher einen Arzt aufsuchen. Diese Übung kann auch zur Stressbewältigung eingesetzt werden sowie bei Asthma, Emphysemen und anderen chronischen Erkrankungen der Atemwege.

Wenn Sie Schmerzen verspüren, lächeln Sie. Das wird Ihnen am Anfang unnatürlich vorkommen, aber das gibt sich nach einigen Minuten. Lenken Sie Ihr Lächeln dann in Ihren Körper hinein. Atmen Sie nicht nur durch die Nase ein, sondern auch durch das Lächeln auf Ihrem Gesicht. Verbinden Sie die Energie Ihres Lächelns mit der Ihres Atems und richten Sie sie auf den Teil Ihres Körpers, der wehtut oder verspannt und verkrampft ist. Atmen Sie aus durch locker gespitzte Lippen (wie wenn Sie die Flamme einer Kerze durch Ihren Atem zum Flackern bringen, sie aber nicht ausblasen wollen) und so, als ließen Sie dabei zugleich alle Schmerzen, Beschwerden oder Verspannungen los. Beim Einatmen darf sich Ihr Bauch ausdehnen, beim Ausatmen senkt er sich wieder. Dadurch vertieft sich Ihre Atmung.

Achten Sie darauf, dass Sie länger aus- als einatmen, das entspannt. Die Übungsdauer beträgt mindestens fünf Minuten. Entscheidend ist, dass Sie ganz sanft vorgehen. Versuchen Sie nichts zu erzwingen, denn sonst verschlimmern Sie Ihren Schmerz oder Stress sogar noch. Sie können diese absolut risikofreie Übung zu jeder Tages- oder Nachtzeit durchführen.

Entspannung der Gesichtsmuskulatur für einen freieren, müheloseren Atem und mehr Energie

Wer von Ihnen einen Beruf hat, der eine hohe Konzentration der Augen erfordert (und das werden in unserem Computerzeitalter immer mehr), kann seine Leistungen und Energien verbessern, indem er dafür sorgt, dass seine Gesichtsmuskulatur entspannt ist und er häufig von der Arbeit aufschaut, die er gerade macht. Das hilft Ihnen auch, freier und müheloser zu atmen.

Und so geht's: Wenn sich Ihre Gesichtsmuskulatur verspannt und Ihr Blick zu lange auf einen bestimmten Gegenstand gerichtet ist, verringern sich die Bewegungen des Zwerchfells, wodurch Ihr Atem flacher und schwächer wird. Dieses flache Atmen verlangsamt wiederum den Lymphfluss und schwächt damit die Abwehrkraft des Körpers.

Vergewissern Sie sich bei der Arbeit also ungefähr jede Viertelstunde, dass Ihre Gesichtsmuskulatur entspannt ist. Und lassen Sie die Blicke wandern. Bedienen Sie sich auch, so oft es Ihnen möglich ist, Ihres peripheren Sehvermögens.

Atemgestütztes Schulterkreisen gegen Nacken- und Schulterverspannungen

Wenn wir zu lange am Computer oder am Schreibtisch sitzen, verspannen sich Nacken und Schultern oft so, dass es schwer ist, sie zu lockern. Dadurch werden Blutfluss und Nervensignale zum Gehirn, aber auch das Atmen beeinträchtigt, was insgesamt in hohem Maße zum Stressempfinden beiträgt.

Wenn gelegentliches Dehnen nicht ausreicht, um diese Spannungen zu lösen, wie es leider oft der Fall ist, können Sie die folgende Übung durchführen, die hilft, das Spannungsmuster in diesen Körperbereichen aufzubrechen.[4]

Setzen Sie sich entspannt und aufrecht auf einen Stuhl. Nehmen Sie Ihren Atem wahr. Ihr Bauch darf sich beim Einatmen ausdehnen, beim Ausatmen einziehen. Nehmen Sie auf diese Weise einige Atemzüge. Beugen Sie die Ellbogen vor dem Körper an und legen die Fingerspitzen der rechten Hand auf die rechte und die der linken auf die linke Schulter (siehe Abbildung B.1 a).

Abbildung B.1 a
Atemgestütztes Schulterkreisen: Ausgangsposition

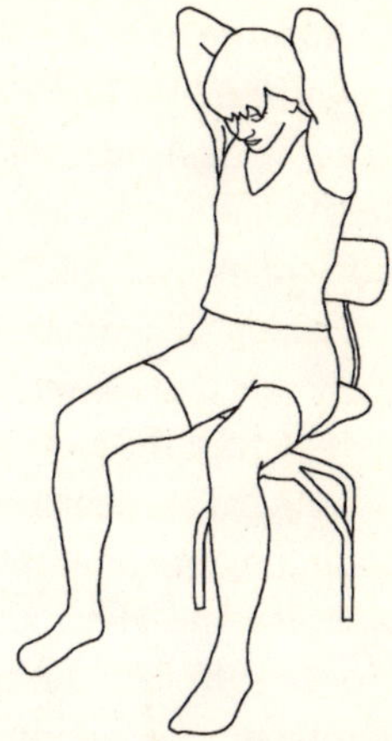

Abbildung B.1 b
Atemgestütztes Schulterkreisen:
Hochziehen der Ellbogen

Abbildung B.1 c
Atemgestütztes Schulterkreisen:
Seitliches Kreisen der Ellbogen

Beim Einatmen lassen Sie den Kopf sanft nach vorn sinken und richten gleichzeitig Ihre beiden Ellbogen so weit nach oben, wie es Ihnen möglich ist (siehe Abbildung B.1 b). Wenn

Sie ausatmen, lassen Sie Ihre Ellbogen langsam seitwärts nach außen (rechten Ellbogen nach rechts, linken Ellbogen nach links, siehe Abbildung B.1 c) kreisen und kehren allmählich in die Ausgangsposition zurück, während Sie den Kopf wieder aufrichten.

Bleiben Sie, während Sie diese Bewegungen durchführen, auch mit den Bewegungen in Ihrem Bauch in Kontakt, aber zwingen Sie Ihren Atem nicht. Ein- und Ausatmen sollte ganz natürlich geschehen, in Koordination mit den gleichzeitigen Bewegungen von Kopf und Ellbogen. Führen Sie die Übung so langsam und gleichmäßig wie möglich durch. Sie können Sie pro Tag dreimal machen, mit jeweils bis zu sechs Wiederholungen.

Isometrische Übung mit Bauchatmung gegen Nackenverspannungen

Auch ein angespannter oder steifer Nacken blockiert Ihren Atem. Versuchen Sie es daher mit der folgenden Übung.[5] Verschränken Sie Ihre Finger und legen die Hände hinter den Kopf. Ihr Kopf bleibt vollkommen gerade, während Sie einen Gegendruck zwischen Kopf und Händen entstehen lassen. Mit anderen Worten, Sie drücken den Kopf gegen die Hände und die Hände gegen den Kopf, ohne dass sich der Kopf bewegt. Atmen Sie gleichzeitig tief und entspannt in den Bauch. Diese Konzentration auf den Bauch verhindert, dass sich Ihr Atem auf den oberen Brustkorb beschränkt. Die Übungsdauer darf bis zu drei Minuten betragen. Achten Sie am Ende besonders auf die Wärme im Bauch und auf die Energie, die Ihren Kopf und das Hirn durchflutet.

Notfallübung gegen Stress und hohen Blutdruck

Von dieser Übung, die zum großen Kanon der Pranayama-Übungen gehört, meint Dr. Andrew Weil in seinem Newsletter[6], sie sei kurzfristig gegen erhöhten Blutdruck und Stress wirksam. Davon habe ich mich selbst verschiedentlich überzeugen können. Hier ist meine Version der Übung – versehen mit einem besonderen Hinweis.

Warnung

Wenn Sie unter Bluthochdruck leiden, müssen Sie mit Ihrem Arzt sprechen, bevor Sie diese Übung ausführen. Setzen Sie Ihre Blutdruck senkenden Medikamente bitte nicht auf eigene Faust ab.

Im Allgemeinen empfehle ich keine Übungen, bei denen (besonders nach dem Einatmen) der Atem angehalten werden muss, wie es hier der Fall ist. Aufgrund der hohen Stressbelastungen, Unruhe und Angst, die in unserer heutigen Welt herrschen, halten viele von uns ohnehin zu oft den Atem an. Und das kann sich im Laufe der Zeit als abträglich für das Zwerchfell erweisen, das am besten arbeitet, wenn es seinen vollen Bewegungsspielraum gleichmäßig und unbehindert voll ausschöpfen kann.

Die Übung selbst

Meine Version der Übung ist leicht durchzuführen. Sie atmen einfach durch die Nase ein, während Sie bis vier zählen, halten den Atem an, während Sie bis sieben zählen und atmen schließlich durch den Mund aus, während Sie bis acht zählen. Beim Ausatmen legen Sie die Zungenspitze auf die Stelle hinter Ihren Vorderzähnen, an der der Gaumen beginnt, und spitzen leicht die Lippen, als wollten Sie eine Kerze ausblasen. Warten Sie mit dem Einatmen, bis es sich von selbst einstellt. In den ersten beiden Wochen beschränken Sie sich auf vier vollständige Atemzüge. Danach können Sie sich allmählich bis zu acht Atemzügen steigern. Sie können regelmäßig zwei Durchgänge pro Tag durchführen.

Achten Sie aber immer darauf, dass Sie Ihren Atem sehr gleichmäßig zählen. Dabei können Sie sich an Ihrem Herzschlag orientieren (wenn Sie ihn hören), eine Uhr verwenden oder einfach so zählen. Wenden Sie keinerlei Kraft auf. Mund, Zunge, Brustkorb, Rücken und Bauch sollten so entspannt sein wie irgend möglich. Denken Sie daran: Diese Übung greift erheblich in Ihren Atemrhythmus ein. Deshalb sollten Sie sie nicht häufiger als zweimal am Tag durchführen – und als Notfallübung gegen erhöhten Blutdruck.

Anhang C

Übungspläne

Tägliche Atemübungen: fünfzehn bis zwanzig Minuten

Die Atemräume öffnen: fünfundvierzig Minuten bis eine Stunde zweimal die Woche

Antistressübungen: zwei bis fünf Minuten

Heilende Praktiken: täglich zehn Minuten bis eine Stunde

Loslassen und in der Gegenwart leben lernen: täglich eine halbe Stunde

Es gibt keine Einheitsgrößen

Schon in der Einleitung habe ich darauf hinweisen, dass es in Bezug aufs Atmen keine Einheitsgrößen gibt. Kein Ensemble von Übungen ist für alle Menschen gleichermaßen geeignet. Wenn Sie das Material, das in diesem Buch zusammengestellt ist, mit voller Aufmerksamkeit durchgearbeitet haben, ist es also an Ihnen zu entscheiden, welche Praktiken, Übungen und Meditationen Ihnen zu einem bestimmten Zeitpunkt am besten helfen können. Auf diese Art wird Ihre Atemarbeit individueller, beruht nicht auf einem festen, starren Programm, sondern auf Ihrer persönlichen inneren Aufrichtigkeit und Ihrem Gewahrsein. Dennoch möchte ich Ihnen ein paar Vorschläge machen, wie Sie die beschriebenen Übungen für Ihre speziellen Bedürfnisse und Ihr Zeitbudget zuschneidern können. Aber es sind wirklich nur Vorschläge. Lassen Sie sich nicht davon abhalten, auch andere Übungen aus diesem Buch zu machen, wenn sie Ihnen Spaß machen und gut tun.

Tägliche Atemübungen: zwanzig bis dreißig Minuten

Wenn sie täglich durchgeführt werden, sind einige der vorgestellten Atempraktiken extrem hilfreich. Dazu gehören:

- Dehnen zum Öffnen der Atemräume
- Beckenkreisen
- Der Wippende Atem
- Bauchatmung
- Der Summende Atem
- Ausatmung verlängern und die Lunge revitalisieren
- Die Entspannungsstellung
- Bewusstes Atmen (es ist hilfreich, Ihr tägliches Übungsset damit zu beenden)

Die Atemräume öffnen: fünfundvierzig Minuten bis eine Stunde zweimal die Woche

Ungehemmtes, natürliches Atmen ist nicht möglich, wenn nicht alle Atemräume daran beteiligt sind. Je nach Ihren persönlichen Haltungs- und Atemgewohnheiten und Ihrem physischen, emotionalen und spirituellen Gesundheitszustand kann es viele Monate oder sogar Jahre dauern, bis sich alle Atemräume in Ihrem Körper vollständig öffnen können. Vielleicht brauchen Sie sogar die Hilfe eines Körper- oder Atemtherapeuten, eines Osteopathen oder einer anderen Fachkraft.

Wenn Sie pro Sitzung fünfundvierzig bis sechzig Minuten Zeit haben, können Sie alle Praktiken anwenden, die im zweiten Kapitel aufgeführt sind: Die Atemräume des Körpers öffnen (beginnend mit »Folgen Sie Ihrem Atem«) mindestens zweimal pro Woche, nach Möglichkeit aber häufiger. Sie können darüber hinaus auch Übungen aus dem Qi Gong, Tai-chi oder anderen Disziplinen ausführen, wenn sie Ihnen helfen, Ihre Atemblockaden zu beseitigen. Das Entscheidende ist wie stets, dass Sie langsam, sanft und mit voller Aufmerksamkeit vorgehen.

Antistressübungen: zwei bis fünf Minuten

Wenn Sie sich gestresst fühlen und kaum noch in der Lage sind, »ordentlich« durchzuatmen, bieten sich die folgenden Übungen an, die Ihr blockiertes Atemmuster risikofrei und bequem durchbrechen, kurzfristig Ihre Atemräume öffnen und Sie mithin sowohl entspannen als auch energetisieren.

- Dehnen zum Öffnen der Atemräume
- Bauchatmung
- Der Wippende Atem
- Der Lachende Atem
- Der Summende Atem
- Ausatmung verlängern und die Lunge revitalisieren
- Eine gefahrlose, einfache Übung zur Stressbewältigung (Anhang B)
- Atmen zur Schmerzlinderung (Anhang B)
- Die La...la...la-Übung (Anhang B)

Heilende Übungen: zehn Minuten bis eine Stunde

Da ein uneingeschränktes, natürliches Atmen für Gesundheit und Wohlbefinden in jeder Hinsicht gut ist, eignen sich eigentlich alle vorgestellten Übungen sowohl zur Gesunderhaltung als auch für Heilzwecke. Je nach Ihrem persönlichen Befinden können sich die folgenden jedoch als besonders hilfreich erweisen.

- In einen verspannten Körperbereich atmen
- Der Lachende Atem
- Bewusstes Atmen
- Die Sechs Heilenden Ausatmungen
- Der Lächelnde Atem

Loslassen und in der Gegenwart leben lernen: dreißig Minuten täglich

Es mag Ihnen paradox vorkommen, einen bestimmten Zeitraum anzugeben, in dem man lernen soll, loszulassen und in der Gegenwart zu leben, aber so ist es nicht. Mit unserer ganzen Aufmerksamkeit bewusst im Augenblick zu arbeiten erfordert Übung, und dieses Üben braucht Zeit – Zeit, in der man die Gegenwart in einer intimeren Qualität tatsächlich erleben kann. Wenn die Übungen in diesem Buch mit Sorgfalt und Aufmerksamkeit durchgeführt werden, haben sie natürlich alle diese Wirkung, aber manche vielleicht doch noch ein bisschen mehr.

Einige setzen voraus, dass Sie sich dreißig Minuten Ruhe vom Alltag gönnen, um sie durchzuführen, während Sie andere Übungen auch mitten im Trubel machen können. Von denjenigen, die spezielle Ruhe erfordern, können Sie täglich eine machen. Versuchen Sie keinesfalls, sie alle in einer Sitzung zu absolvieren.

- Übung für Schultern und Füße
- Ausatmung verlangsamen und die Lunge revitalisieren
- Die Selbstidentität abstreifen
- Bewusstes Atmen
- Der Atem des Herzens
- Die Zeit ausdehnen
- Der Grenzenlose Atem
- Bewusstes Stehen (Anhang A)
- Bewusstes Gehen (Anhang A)

Dank

Viele Menschen haben mir bei diesem Buch geholfen. Ich möchte allen meinen Lehrern, Schülern und Freunden, die mir die Chance gaben, zusammen mit ihnen das Mysterium des Atems zu erkunden, sehr herzlich danken. Auch möchte ich den Tausenden von Menschen auf der ganzen Welt meinen Dank aussprechen, die mein erstes Buch oder das Hörbuch *Breathing as a Metaphor for Living* gekauft oder meinen Internet-Newsletter *Authentic Breathing News* abonniert haben. Das Feedback, das ich von ihnen erhalte, ist sehr hilfreich und inspirierend.

Ein großes Dankeschön auch an meinen »spirituellen Bruder« David Hykes. Der häufige intensive Austausch und die (gewöhnlich) harmonischen Töne, die wir zusammen erfahren durften, nicht zuletzt unsere gemeinsam durchgeführten Workshops haben bei mir ein tieferes Verständnis für die Verbindungen des Hörens mit dem Odem des Lebens geweckt. Und er hat so schön gesungen: »Zeit ist nichts als der Atem, der vorbeizieht.«

Der großartigen Pionierin der Atemarbeit Ilse Middendorf, die mir in Workshops, aber auch in der praktischen Arbeit geholfen hat, die Bedeutung der »Atemräume des Körpers« wenigstens ein bisschen zu verstehen, gilt meine größte Wertschätzung. Aus ihrem Buch *Der erfahrbare Atem* habe ich einige der Erkenntnisse über Vokale gewonnen, die sich sowohl in meiner persönlichen Arbeit als auch in diesem Buch niederschlagen.

Vielen Dank an meinen Kollegen Michael Grant White, den »Atemtrainer«, der mir in vielen lustigen Streitereien und Diskussionen geholfen hat, den Horizont meines Zugangs zur Atemarbeit zu erkennen und zu erweitern. Mike stand mir auch während der Vorarbeiten zu diesem Buch mit zahlreichen wertvollen Vorschlägen zur Seite.

Einen ganz besonderen Dank möchte ich an Carola Speads richten, die ich zwar nie persönlich kennen gelernt habe, deren Buch *Ways to Better Breathing* mich aber zu den Ausführungen über die sieben Methoden der Atemarbeit im Selbststudium im ersten Kapitel inspiriert hat. Für jeden, der sich ernsthaft mit dem Atem auseinandersetzen möchte, bietet ihr Buch einen reichen Schatz an Einsichten und Übungen.

Dank an Dr. Joy Manne, die Herausgeberin von *The Healing Breath: A Journal of Breathwork Practice, Psychology, and Spirituality*, dafür, dass sie bereit war, eine erste Fassung meines Manuskripts zu lesen und mir hilfreiche Ratschläge zu geben.

Dank auch an Matt Licata von Sounds True für seine unschätzbare Hilfe bei der Suche nach dem richtigen Verlag und an meine Agentin Ashala Gabriel, die Chefin der Agentur Marlene Gabriel Agency, für ihre aufrichtige Unterstützung für dieses Buch und für all die phantastischen Ratschläge, die sie mir gegeben hat.

Schließlich möchte ich mich noch bei Beth Frankl, meiner Lektorin bei Shambhala, dafür bedanken, dass sie bereits auf eine sehr frühe Fassung dieses Buches so begeistert reagiert und alles dafür getan hat, dass es verlegt wurde.

Anmerkungen

Einleitung

1 Siehe zum Beispiel H. J. Schunemann und andere, »Long-term Predictor of Mortality in the General Population«, in: *Chest* 20000; 118(3) 656–664.

2 Robert Fried, *Breathe Well, Be Well*, New York 1999, S. 18.

3 Als mich mein Osteopath einmal an einem Tag behandelte, an dem sich mein Brustkorb ganz besonders angespannt anfühlte, wurde mein Atem plötzlich so frei und leicht, dass ich mich kaum mehr wiedererkannte. Ich lag auf dem Behandlungstisch und spürte, wie sich nicht nur mein Brustkorb, sondern auch mein Unterbauch beim Einatmen spontan und mühelos ausdehnten und beim Ausatmen zurücksanken, und zwar in einem Maße, das im Ruhestand für mich absolut nicht normal war. Der Osteopath erklärte mir später, dass mein Brustkorb vollkommen verspannt und relativ unbeweglich war, was meine Atmung beeinträchtigt hatte.

4 Eine frühere Fassung der Meditationspraktiken aus dem vierten Kapitel habe ich ursprünglich im Internet unter dem Titel *Boundless Breathing* präsentiert. Drei der sechs Übungen finden sich in etwas anderer Form auch schon in meinem Buch *Das Tao des Atmens* und meinem Hörbuch *Breathing as a Metaphor for Living.* Einige der Übungen in diesem Buch stammen aus meinen anderen Internet-Angeboten, zum Beispiel *Breathing Perspectives* und *Breath Gym.* Es gibt zahlreiche neue Übungen, aber auch drei neue Meditationspraktiken. Die drei Meditationspraktiken, die bereits früher veröffentlicht wurden, habe ich überarbeitet und/ oder erweitert, denn ich glaube, dass sie zusammen nicht nur hilfreich dabei sind, unnötige Anspannung und Stress abzubauen,

sondern sie können uns auch mehr in Kontakt mit unserer Gesamtheit bringen.

5 Ich erinnere mich an einen Kurs bei Moshe Feldenkrais. Wir arbeiteten am Boden, machten Übungen, die auf Feldenkrais' Beschreibungen beruhten. Einer der Teilnehmer, der offenbar der Meinung war, die Übung nicht richtig verstanden zu haben, schaute hoch und begann die Bewegungen eines anderes Teilnehmers zu imitieren. Feldenkrais unterbrach den ganzen Kurs und hielt uns einen Vortrag darüber, warum wir bei seiner Bewusstseinsarbeit keinen anderen nachmachen sollten. Nur durch unsere Bereitschaft, zu experimentieren und Fehler zu machen, könnten wir etwas Neues entdecken und auch Hirn und Nervensystem würden dabei am meisten lernen.

Erstes Kapitel: Methoden der Atemarbeit

1 Auf die Prinzipien, die den kraftvollen Methoden der holotrophen Atemarbeit, dem Rebirthing und so weiter zugrunde liegen, gehe ich nicht ein, denn diese erfordern die ständige Begleitung durch einen erfahrenen Leiter oder sogar Therapeuten. Diese Methoden können Sie einfach nicht auf eigene Faust anwenden.

2 Dieses Zitat stammt aus einer Schrift, die anlässlich der Feier zum neunzigsten Geburtstag von Ilse Middendorf ausgeteilt wurde, der in San Francisco gefeiert wurde.

3 Candace B. Pert, *Molescules of Emotion*, New York 1997, S. 293 (dt. *Moleküle der Gefühle*, Reinbek bei Hamburg 2001).

4 Dieser Bericht findet sich in seinem Newsletter *Self Healing* (September 1999).

5 Meine Version dieser Übung finden Sie im Anhang B.

6 Mehr über Butejkos Methoden und ihre praktische Anwendung, zum Beispiel bei Asthma, erfahren Sie in *Breathing Free* von Teresa

Hale (New York 1999). Auch im Internet finden Sie viele Informationen über ihn.

7 Seinen verschiedenen Anhängern zufolge geht Butejko sogar so weit zu behaupten, tiefes Atmen sei schlecht für uns. Ich glaube zwar, dass das »Überatmen«, das er mit Tiefenatmung assoziiert, damit im Grunde nichts zu tun hat, halte diese Behauptung aber trotzdem für falsch. Jedenfalls gibt es weltweit Unmengen von Forschungsergebnissen, die die zahlreichen positiven Effekte tiefen Atmens für unsere körperliche, emotionale und spirituelle Gesundheit verdeutlichen.

8 Leonard Lasko, *Healing with Love: A Breakthrough Mind/Body Medical Program for Healing Yourself and Others*, Mill Valley 1992, S. 61.

9 Ebenda, S. 99.

10 Über die Probleme, die mit Atemanhalten und übermäßiger Anspannung zusammenhängen, haben sich Ilse Middendorf, Carl Stough, Mike White und andere geäußert.

11 Aus einem Telefongespräch, das ich Ende 2001 im Zusammenhang mit diesem Buch mit Mike White geführt habe.

12 Während die Lunge äußerlich atmet, findet natürlich auch ein innerer Prozess in den Hirn- und Körperzellen statt. Die Zellen selbst »atmen« den Sauerstoff aus dem Hämoglobin im Blut »ein« und »atmen« Kohlendioxid ins Hämoglobin »aus«.

13 Mit dem Einfluss negativer Emotionen auf den Atem beschäftige ich mich eingehender in *Das Tao des Atmens.*

14 Wer Aerobic macht, tut dies zum Beispiel häufig, wenn er (oder sie) sauer oder unruhig ist. Das bringt natürlich einen gewissen Nutzen, aber die Bewegungen werden von Nervosität oder Wut belebt, und das führt letztlich zur Beeinträchtigung der Atemmuskulatur und dazu, dass sie weniger effektiv arbeitet.

15 Wenn Sie sich zum Beispiel aus einem Glücksgefühl heraus bewegen, ist Ihr Atem in der Regel vollständiger als wenn Sie sich aus Ungeduld bewegen. Nervöse Bewegungen lenken den Atem im Allgemeinen in den vorderen oberen Teil des Brustkorbs.

16 Ein Beitrag von Ken Lossing zu diesem Buch, April 2002.

17 Viele Asthmatiker atmen schnell und flach. Schnelles flaches Atmen fördert tatsächlich den übermäßigen Verlust von Kohlendioxid. Es ist, glaube ich, nicht nötig, weniger zu atmen, sondern langsamer und harmonischer und alle Atemräume zu nutzen, auch Bauch und Rücken. Das reduziert das »Überatmen« und sorgt mithin dafür, dass der Kohlendioxidspiegel auf einem gesunden Niveau bleibt, und zwar auf eine Art und Weise, die gut ist für ein gesundes, dynamisches Atmen.

18 Bei der Schlafapnoe setzt der Atem häufig aus, ohne dass der Betroffene es bemerkt. In einer Studie, die im *New England Journal of Medicine* veröffentlicht wurde (2000, 342(19), 1378–1384), fanden Wissenschaftler der University of Wisconsin, die einen Kreis von siebenhundert Personen vier bis acht Jahre lang beobachteten, heraus, dass die Patienten, bei denen die Schlafapnoe zu Beginn der Studie besonders stark ausgeprägt war, später mit der höchsten Wahrscheinlichkeit an Bluthochdruck erkrankten. Zwar sind sich die Forscher noch nicht ganz über die ursächlichen Zusammenhänge im Klaren, aber Paul E. Peppard vom Präventionszentrum der Universität stellte fest, dass zu wenig Kohlendioxid im Blut durchaus das sympathische Nervensystem in »höchste Alarmbereitschaft« versetzen könne, den Teil des Nervensystems, der auf Stress reagiert und den Körper auf Aktion vorbereitet. Der Studie zufolge kann eine schwere Schlafapnoe das Risiko eines erhöhten Blutdrucks verdreifachen, eine mittlere, die als weniger als fünfzehn Unterbrechungen des Schlafs in der Stunde definiert wird, verdoppelt es, während eine leichte Schlafapnoe (weniger als fünf Unterbrechungen pro Stunde) das Risiko immerhin noch um vierzig Prozent erhöht. Wer unter Schlafapnoe leidet, schnarcht in der Regel laut und fühlt sich beim Aufwachen müde und zerschlagen.

19 Andre van Lysebeth, *Pranayama: The Yoga of Breathing*, London 1988, S. 64 (dt. *Die große Kraft des Atmens. Die Atemschule des Pranayama*, München 1978).

20 Das bezieht sich auf die von der Medizin schon lange beobachteten kürzeren Rhythmen im menschlichen Körper, aufgrund deren ein Nasenloch alle neunzig bis einhundertzwanzig Minuten abwechselnd offener und verschleimter wird als das andere. Wenn das linke Nasenloch offener ist, ist in der Regel die rechte Hirnhälfte dominanter; wenn das rechte Nasenloch offener ist, ist in der Regel die linke Hirnhälfte dominanter. Man kann ein Nasenloch, das verschleimter ist, öffnen und damit die andere Hirnhälfte aktiver machen, indem man sich so auf die Seite legt, dass das verschleimte Nasenloch oben ist, und dabei durch die Nase weiteratmet. Wie ich bereits im *Tao des gesunden Atmens* erwähnt habe, kann man sich, wenn man sich nicht recht wohl fühlt oder Kopfschmerzen hat, fünfzehn, zwanzig Minuten lang so hinlegen, dass das verschleimte Nasenloch oben ist. Das bringt häufig Erleichterung. Merkwürdigerweise widerspricht Lysebeths Empfehlung, sich so hinzulegen, dass man hauptsächlich durch das rechte Nasenloch atmet, der Idee, dass es besser wäre, im Schlaf das parasympathische Nervensystem zu aktivieren, und das hieße natürlich, auf der rechten Seite zu schlafen.

21 Für weitere Erkenntnisse über die Wirkung von so einfachen Techniken der Körperarbeit wie an der Haut zupfen, klopfen und Druck ausüben siehe *Ways to Better Breathing* von Carola Speads.

22 Michael White hat zum Beispiel einen höchst effektiven praktischen Ansatz entwickelt, mit denen er Menschen mit Atemproblemen der verschiedensten Art hilft, sogar bei Asthma und Lungenemphysemen.

23 Aus dem Artikel von Magda Proskauer, »The Therapeutic Value of Certain Breathing Techniques« in Charles Garfield (Hrsg.), *Rediscovery of the Body: A Psychosomatic View of Life and Death*, New York 1977, S. 27.

24 In seinem Buch *Dr. Breath: The Story of Breathing Coordination* berichtet Carl Stough darüber, wie er entdeckte, dass wiederholtes schnelles, lautes Zählen von eins bis zehn (so lange, wie es bequem geht) beim Ausatmen Tonus, Stärke und Funktion des Zwerchfells ver-

bessert und dazu beiträgt, alle Atemmuskeln zu koordinieren. Er wendete diese Technik sowie andere praktische Ansätze bei vielen Menschen an, unter anderem bei Emphysempatienten, Sängern und Olympiaathleten.

25 Schauen Sie sich zum Beispiel die Essays in dem von Don Campbell herausgegebenen Sammelband *Music: Physician for Times to Come* an.

26 Der Blutdruck steigt beim Sprechen und sinkt beim Zuhören, meint James L. Lynch in seinem Buch *A Cry Unheard: New Insights into the Medical Consequences of Loneliness* (Baltimore 2000). Lynch zufolge, Psychologe aus Baltimore, kann zu viel Sprechen bei Bluthochdruckpatienten oder Menschen, die ein ruhiges, einsames Leben führen, zum Tode führen. Das Risiko, meint er, steige mit dem Lebensalter.

Ich persönlich bin der Meinung, dass, so gesellig wir auch sein mögen, zu viel Sprechen (vor allem, wenn es auch noch extrem schnell ist) einen negativen Einfluss auf unser Atemgeschehen haben kann, insbesondere wenn wir von vornherein nicht gut atmen. Zu viel Sprechen kann die Bewegung der Atemmuskeln aus dem Gleichgewicht bringen, das Sauerstoff/Kohlendioxid-Verhältnis im Blut verändern und Hyperventilation erzeugen, was dazu führt, dass wir unruhig, besorgt, verklemmt und so weiter werden. Im Laufe der Zeit kann zu viel Reden das Zwerchfell so konditionieren, dass es sich sogar noch gehemmter und im Stakkato-Rhythmus bewegt, da wir beim Sprechen ja durch den Mund atmen und oft mitten im Satz um Atem ringen. Das bedeutet, dass das Zwerchfell nicht mehr so rhythmisch und wirkungsvoll arbeitet, dass es die Lungen entleeren, unsere inneren Organe massieren und den Lymphfluss fördern kann. Wenn Sie beruflich viel sprechen müssen, sollten Sie versuchen, es langsamer und damit rhythmischer und gleichmäßiger zu tun. Und wenn Sie gerade nicht sprechen, sollten Sie nach Möglichkeit nur durch die Nase atmen. Sie können und sollten auch lernen, beim Sprechen mehr aus dem Bauch heraus zu atmen, und darauf achten, dass Sie den Atem nicht anhalten. Und sprechen Sie nicht weiter, wenn Ihnen der Atem ausgeht; machen Sie dann einfach eine kleine Pause und atmen ein, bevor Sie fortfahren.

27 Wissenschaftler vom schwedischen Karolinska Hospital haben herausgefunden, dass die Stickoxidkonzentration in den Nebenhöhlen beim Summen fünfzehnmal höher ist als beim normalen Atmen. Stickoxid hilft, die Kapillarbetten zu erweitern und den Blutfluss zu verbessern. Die Wissenschaftler haben auch ermittelt, dass der Gasaustausch zwischen den Nasenpassagen und den Nebenhöhlen beim Summen achtundneunzig Prozent betrug. Beim normalem Ausatmen fiel er auf vier Prozent ab. Um die volle Bedeutung dieser Erkenntnis verstehen zu können, muss man sich vor Augen führen, dass sich Bakterien am besten in einem Klima vermehren, in dem wenig Durchblutung und geringer Gasaustausch existieren. Die Ergebnisse wurden im *American Journal of Respiratory Critical Care Medicine* (2002: 166: 144/45) veröffentlicht.

28 Siehe zum Beispiel *On a Single Breath: A Lost Interpretation of the Lord's Prayer* von Sir Paul Dukes. Darin berichtet er über Begegnungen mit G. I. Gurdjieff (der ihm seinerzeit als Prinz Ozay bekannt war) und erörtert dessen Erklärung, dass das Vaterunser ursprünglich dafür gedacht war, auf einen Ton und auf einem Atemzug gechantet zu werden, sowie einige der Gründe dafür.

29 Dieses gleichzeitige Chanten und Zuhören kann man zum Beispiel in den Workshops *Harmonic Awareness* sehr gut erleben, die der Gründer des Harmonic Choir David Hykes anbietet.

30 Diese einfache Übung habe ich im Zuge meiner Zusammenarbeit mit dem Pionier des Harmonic Sounds David Hykes entwickelt.

31 Es ist extrem wichtig, dass Sie nicht weitersummen oder andere Töne hervorbringen, wenn Ihnen der Atem ausgeht. Wenn Sie es regelmäßig tun, riskieren Sie sonst, dass Ihr Zwerchfell geschwächt und die Koordination Ihrer Atemmuskeln gestört wird.

Zweites Kapitel
Öffnen der Atemräume des Körpers

1 Man muss sich darüber klar werden, dass jede unnötige Spannung einen unproduktiven Energieeinsatz darstellt. Wenn wir aufgrund unnötiger Spannungen oder Kontraktionen im Zwerchfell, Brustkorb, Rücken, Magen und so weiter nur schwer atmen können, so vergeudet dies unsere Lebenskraft. Das Loslassen dieser Spannungen und Blockaden verschafft uns zusätzliche Energie, eine Energie, die sonst für den Prozess des Atmens gebraucht wird.

2 Wenn Sie es mit Verspannungen im Nacken- und Schulterbereich zu tun haben, versuchen Sie es mit den entsprechenden Übungen im Anhang B.

3 Aus »Breathing Therapy« von Magda Proskauer, in: Herbert A. Otto und John Mann (Hrsg.), *Ways of Growth: Approaches to Expanding Awareness*, New York 1971, S. 27.

4 Dieses Zitat entstammt der Februar-Ausgabe 2002 (Band 9, Nr. 8) des monatlichen Newsletters von Dr. David C. Williams, *Alternatives for the Health-Conscious Individual*, der im Verlag Mountain Home Publishing, Potomac, Maryland, erscheint.

5 Diese Übung stammt, ebenso wie »Hand und Knie heben«, aus einem Zyklus von Praktiken, die ich unter dem Titel *Liangong in 18 Excercises* unterrichte. Von dem chinesischen Qi Gong-Meister Dr. Wang Shan Long wurde ich dazu autorisiert.

Drittes Kapitel
Der metaphysische Atem

1 Len Saputo und Nancy Faass (Hrsg.), *Boosting Immunity: Creating Wellness Naturally*, Novato 2002, S. 230.

2 Karlfried Graf von Dürckheim, *The Way of Transformation: Daily Life as Spiritual Practice*, London 1971, S. 38 (dt. *Übung des Leibes auf dem inneren Weg*, München 1981).

3 Bei der Arbeit mit Chi-nei-tsang (einer Energiemassage der inneren Organe) und verschiedenen Atemtherapien habe ich viele Bäuche berührt. Manche waren so hart und unflexibel, dass sie sich beim Atmen kein bisschen bewegten. Im *Tao des Atmens* habe ich bereits darauf hingewiesen, dass es dafür viele Gründe geben kann, unter anderem negative Emotionen und Traumata.

4 Unser Lungenvolumen hängt von verschiedenen Faktoren ab, unter anderem von der genetischen Veranlagung, von Umweltfaktoren, Krankheiten, von der Koordination der Atemmuskeln, vom Grad der Beweglichkeit des Zwerchfells und vom Maß, in dem sich der Brustkorb beim Einatmen ausdehnt und beim Ausatmen senkt. Auf seiner Homepage im Internet weist Michael Grant White auf Forschungsergebnisse hin, die bestätigen, dass ein großer Unterschied im Umfang des Brustkorbs beim Einatmen im Vergleich zum Ausatmen statistisch mit einer höheren Lebenserwartung einhergeht.

5 Siehe *Das Tao des Atmens.*

6 Gurdjieff zufolge ist die »Identifikation« mit unseren Gedanken und Gefühlen beim Streben nach Ganzheitlichkeit eines der größten Hindernisse. Mehr zu diesem faszinierenden Thema erfahren Sie in dem Buch *In Search of the Miraculous* von P.D. Ouspensky (dt. *Auf der Suche nach dem Wunderbaren*, Bern 2001).

7 Hierbei handelt es sich um die Abwandlung einer Übung, die ich in verschiedenen Workshops und Retreats von dem Advaita-Vedanta-Meister Jean Klein gelernt habe.

Viertes Kapitel
Tiefer gehen – Praktiken und Meditationen zur Selbsterkennung

1 Mantak Chia lehrt die Sechs Heilenden Laute zusammen mit speziellen Haltungen und Bewegungen. In diesem Buch habe ich nur bei einem Laut Haltungen und Bewegungen erwähnt. Wenn Sie die Haltungen und Bewegungen kennen lernen möchten, die Mantak Chia mit den verschiedenen Lauten kombiniert, können Sie sie in seinem Buch *Transform Stress into Vitality* (dt. *Tao Yoga des Heilens*) nachlesen.

2 Im *Tao des Atmens* erwähne ich einige der Forschungsergebnisse darüber, wie absichtliches Lächeln die »regionale Gehirnaktivität« beeinflusst und weise auch darauf hin, wie es unsere Emotionen verändert.

3 Bei dieser Übung handelt es sich um die gekürzte und modifizierte Version der Meditation »Das Innere Lächeln«, die erstmals durch Meister Mantak Chia in den Westen kam. Bei meiner Variante steht der Atem mehr im Mittelpunkt.

4 P. D. Ouspenski, *In Search of the Miraculous.*

Anhang A
Weitere Hauptlehren und -übungen

1 Barry Sears, *The Age Free Zone*, New York 1999, S. 21.

2 Peg Jordan, *The Fitness Instinct*, Emmaus 1999, S. 38 ff.

3 J. A. O'Krey, »Oxygen Uptake and Ventilatory Effects of an External Nasal Dialator During Ergonomatry«, in: *Medicine and Science in Sports and Medicine* 32 (2000): 1491–1495.

4 Was und wie viel wir essen, kann enormen Einfluss auf unsere aeroben Kapazitäten ausüben, die zu einem Großteil vom Durchmesser der Kapillaren im Lungengewebe abhängen. Je grö-

ßer sie im Durchmesser sind, desto mehr Sauerstoff kann in die roten Blutkörperchen transferiert werden. Barry Sears zufolge (*The Age Free Zone*, New York 1999, S. 21) sorgt vermehrtes Insulin für die übermäßige Produktion eines gefäßverengenden Hormons, das den Durchmesser der Kapillargefäße verkleinert und mithin die Sauerstoffversorgung der Zellen verringert. Bei normalem Insulinspiegel produziert der Körper mehr gefäßerweiternde Hormone, wodurch der Durchmesser der Kapillaren vergrößert und die Sauerstoffversorgung verbessert werden. Nach Sears hängt der Sauerstofftransfer von der »Flexibilität der roten Blutkörperchen« ab. Ein erhöhter Insulinspiegel erzeugt Hormone, die diese Flexibilität der roten Blutkörperchen verringern und es ihnen daher erschwert, Sauerstoff in die Zellen zu transportieren.

5 Candace B. Pert, *Molecules of Emotion*, New York 1997, S. 296.

Anhang B
Hilfreiche atembezogene Übungen für den Alltag

1 In einer bekannten Karikatur eines Menschen, der versucht, tief durchzuatmen, sieht man ihn mit angehobenen Schultern, einem übermäßig ausgedehnten Brustkorb, einem durchgedrückten Rücken und einem Bauch, der fest eingezogen ist. Wer beim Atmen so aussieht, atmet extrem flach.

2 Eine dieser Studien wurde bei bmj.com veröffentlicht, der Homepage des *British Medical Journal* (22. Dezember 2001, 7372: 1446–1449). Die Studie trägt den Titel »Effect of Rosary Prayer and Yoga Mantras on Autonomic Cardiovascular Rhythms: Comparative Study« und kommt ebenfalls zu dem Ergebnis, dass eine Frequenz von sechs Atemzügen pro Minute optimal wäre.

3 Die Diskussion des Einflusses der Atmung auf das PAG sowie die beiden kurzen Zitate stammen aus dem Buch *Meditation as*

Medicine, New York 2001, von Dharma Singh Khalsa und Cameron Stauth.

4 Bei dieser Übung handelt es sich um die Überarbeitung und Erweiterung einer osteopathischen Übung, die ich in dem Buch *Dr. Fulford's Touch of Life* gefunden habe.

5 Isometrische Übungen wie diese werden von vielen Medizinern angewandt, auch von Osteopathen. Diese zeigte mir mein Vater (allerdings ohne Bauchatmung), als ich noch klein war, um meinen Nacken zu stärken. Eine ähnliche Übung (ebenfalls ohne Bauchatmung) findet sich auch in dem Buch *Dr. Fulford's Touch of Life*.

6 *Self Healing*, veröffentlicht bei Thorne Communication, Waterton 1999.

Literaturempfehlungen

CAMPBELL, DON: *Music. Physician for Times to Come.* Wheaton 2000.

Informative Essays von Wissenschaftlern, Musikern, Musiktherapeuten und spirituell Suchenden über die Heilkraft der Töne.

DERS.: *The Roar of Silence. Healing Powers of Breath, Tone and Music.* Wheaton 1994.

Eine inspirierende Erkundung von Tönen und Schwingungen mit hervorragenden Beispielen.

CHIAK, MANTAK: *Tao Yoga des Heilens.* München 1986.

Eine wunderbare Einführung in die taoistischen Praktiken des Inneren Lächelns, der Sechs Heilenden Laute und des Mikrokosmischen Orbits.

DUKES, SIR PAUL: *On a Single Breath: A Lost Interpretation of the Lord's Prayer, an account of some meetings with George Ivanovitch Gurdjieff.* Denville 1996.

Dieses außergewöhnliche Büchlein behandelt die esoterischen Beziehungen zwischen Atem und Gebet.

DÜRCKHEIM, KARLFRIED GRAF VON: *Übung des Leibes auf dem inneren Weg.* München 1981.

In diesem Buch untersucht der Verfasser des Standardwerkes *Hara: Die Erdmitte des Menschen* die enge Beziehung zwischen Körper und Seele bei der Suche nach der transzendentalen Freiheit und der Essenz des Seins.

DYCHTWALD, KEN: *Körperbewusstsein. Eine Synthese der östlichen und westlichen Wege zur Selbst-Wahrnehmung, Gesundheit und persönlichem Wachstum.* Essen 1981.

Eine ebenso praktische wie erhellende Untersuchung der Frage, wie unser Körper (und Atem) unsere Emotionen, Traumata und anderen Lebenserfahrungen widerspiegelt.

FARHI, DONNA: *The Breathing Book. Good Health and Vitality Through Essential Breath Work.* New York 1996.

Dieses umfassende Buch des international bekannten Yogalehrers präsentiert Informationen, Erkenntnisse und Übungen, die Ihnen helfen können, gesünder zu atmen.

FELDENKRAIS, MOSHE: *Bewusstheit durch Bewegung.* Frankfurt am Main 1996.

Dieses Buch ist Pflichtlektüre für jeden, der an Bewegung, Körperhaltung und Körperbewusstsein interessiert ist.

FRANTZIS, BRUCE: *Relaxing into Your Being.* Fairfax 1998.

DERS: *The Great Stillness.* Fairfax 1999.

Diese wichtigen Bücher einer in der ganzen Welt tätigen Lehrkraft für Qi Gong, Kampfkünste und Meditation erklären Wesen und praktische Anwendung der Wassermethode in der taoistischen Meditation, unter anderem auch den Prozess des inneren Auflösens.

FRIED, ROBERT: *Breathe Well, Be Well.* New York 1999.

Dieses hochangesehene Werk des Chefs des psychophysiologischen Atemlabors am Hunter College bietet zahlreiche wichtige Informationen über viele Aspekte des Atems, unter anderem über das »Hyperventilationssyndrom« und die Beziehungen zwischen Ernährung und Atem.

FULFORD, ROBERT C. und GENE STONE: *Dr. Fulford's Touch of Life. The Healing Power of the Life Force.* New York 1996.

Fulford gehört zu den wichtigsten Osteopathen der Welt und hat über sechzig Jahre Patienten behandelt, denen die konventionelle Medizin nicht helfen konnte.

HENDRICKS, GAY: *Bewußt atmen.* München 1995.

Ein hochangesehenes, sehr informatives Buch über die Beziehungen des Atems zu vielen Aspekten unseres Lebens.

Es enthält auch viele tolle Übungen für ein freieres, natürlicheres Atmen.

HYKES, DAVID: *Harmonic Awareness/Harmonic Chant,* Band 1: *Music, Meditation, Harmonization* (Lehr-CD).
Der Gründer des Harmonic Choir bietet auch viele Harmonic-Chant-CDs an, die Sie über *www.harmonicworld.com* im Internet bestellen können.

JORDAN, PEG: *The Fitness Instinct.* Emmaus 1999.
Ein wundervoller Leitfaden für die Entdeckung Ihres persönlichen Zugangs zu Fitness, verfasst von der Gründerin und Chefredakteurin des *American Fitness Magazine.*

KHAN, HAZRAT INAYAT: *Musik und kosmische Harmonie. Aus mythischer Sicht.* Heilbronn 1987.
Der große Klassiker über Mysterium und göttliche Natur von Klang und Musik.

KLEIN, JEAN: *Wer bin ich? Was ist der Mensch?* Bern, München 1993.
Die Erkundung unserer wahren Natur, verfasst von einem modernen Advaita-Vedanta-Meister.

LEWIS, DENNIS: *Das Tao des Atmens. Atem als Weg zu Gesundheit und innerem Wachstum.* Reinbek bei Hamburg 1999.
Eine faszinierende Reise in die physiologischen, psychischen und spirituellen Aspekte authentischen Atmens mit zahlreichen Übungen.

DERS.: *Breathing as a Metaphor for Living: Teachings and Exercises On Complete and Natural Breathing.* Boulder 1998.
Ein aus zwei MCs bestehendes Hörbuch, das Gedanken, Erkenntnisse und Meditationspraktiken anbietet, mit Hilfe derer Sie Ihren eigenen authentischen Atem finden können.

MIDDENDORF, ILSE: *Der erfahrbare Atem.* Paderborn 1990.
Von einer der bedeutendsten Atemforscher(innen) verfasst, gehört dieses Buch zum Wichtigsten, was jeder lesen muss, wenn er mehr über das Atmen erfahren will.

Ouspensky, Peter D.: *Auf der Suche nach dem Wunderbaren.* Bern, München 2001.
Der Klassiker über Ideen und Methoden G. I. Gurdjieffs, jenes außergewöhnlichen spirituellen Meisters, der die östliche mit der westlichen Welt verband und nachwies, dass es für jeden, der wahrhaft sein möchte, oberste Priorität ist, aus dem Schlaf zu erwachen.

Rama, Swami, Rudolph Ballentine und Alan Hymes: *Die Wissenschaft vom Atem.* München 2000.
Führt in Bezug auf den Atem wichtige wissenschaftliche Erkenntnisse der westlichen Welt mit experimentellen Entdeckungen des Ostens zusammen.

Speads, Carola: *Atmen. Eine illustrierte Anleitung zur natürlichen Atmung.* München 1983.
Eines der besten Bücher über den Atem, die gegenwärtig auf dem Markt sind.

Stough, Carl und Reece Stough: *Dr. Breath: The Story of Breathing Coordination.* New York 1981.
Ein faszinierender Bericht über Stoughs Entdeckung der Bedeutung der »Atemkoordination« für alle Menschen, unter anderem für Athleten, Sänger und Emphysempatienten.

Todd, Mabel Elsworth: *Der Körper denkt mit. Anatomie als Ausdruck dynamischer Kräfte.* Bern 2003.
Eine tiefgehende Studie der komplexen Mechanismen von Atem, Fortbewegung und mechanischem Gleichgewicht im menschlichen Organismus, verfasst mit dem Ziel, die wirkliche Bedeutung von Entspannung zu verstehen.

Tolle, Eckhart: *Jetzt! Die Kraft der Gegenwart. Ein Leitfaden zum spirituellen Erwachen.* Freiburg 2003.
Tolles Buch, das hilft, mit voller Geistesgegenwart an den Ort und in die Zeit zurückzukehren, an denen allein Erwachen möglich ist: genau hier, genau jetzt.

WHITE, MICHAEL GRANT: *Secrets of Optimal Natural Breathing.* Waynesville 2003.
Mike White ist ein bekannter praktischer Körperarbeiter, der schon vielen Leuten geholfen hat, unter anderem Sängern, Sportlern und Menschen, die an Erkrankungen der Atemwege litten. Mehr erfahren Sie im Internet unter www.breathing.com.